城市管理实务丛书

城市管理综合执法办案实务

CHENGSHI GUANLI ZONGHE ZHIFA BAN'AN SHIWU

沈体雁 朱立国 主 编
徐高献 副主编

图书在版编目(CIP)数据

城市管理综合执法办案实务/沈体雁,朱立国主编. —北京:北京大学出版社,2018.10
(城市管理实务丛书)
ISBN 978-7-301-29960-9

Ⅰ. ①城… Ⅱ. ①沈… ②朱… Ⅲ. ①城市管理—行政执法—中国—教材 Ⅳ. ①D922.297

中国版本图书馆 CIP 数据核字(2018)第 231157 号

书　　　名	城市管理综合执法办案实务 CHENGSHI GUANLI ZONGHE ZHIFA BAN'AN SHIWU
著作责任者	沈体雁　朱立国　主编　徐高献　副主编
责 任 编 辑	郭薇薇
标 准 书 号	ISBN 978-7-301-29960-9
出 版 发 行	北京大学出版社
地　　　址	北京市海淀区成府路 205 号　100871
网　　　址	http://www.pup.cn
电 子 邮 箱	编辑部 law@pup.cn　总编室 zpup@pup.cn
新 浪 微 博	@北京大学出版社　@北大出版社法律图书
电　　　话	邮购部 010-6275201　发行部 010-62750672　编辑部 010-62752027
印 刷 者	北京虎彩文化传播有限公司
经 销 者	新华书店
	730 毫米×1020 毫米　16 开本　11.5 印张　177 千字 2018 年 10 月第 1 版　2024 年 6 月第 7 次印刷
定　　　价	35.00 元

未经许可,不得以任何方式复制或抄袭本书之部分或全部内容。
版权所有,侵权必究
举报电话: 010-62752024　电子邮箱: fd@pup.cn
图书如有印装质量问题,请与出版部联系,电话: 010-62756370

《城市管理综合执法办案实务》
编写人员

主　编　沈体雁　朱立国
副主编　徐高献
参编人员：（以姓氏笔画排序）
　　方　媛　卢　鸿　朱立国　杜兴建　沈体雁　张哲明
　　陈　家　周　文　胡　岚　徐高献

《城市管理综合执法办案实务》编写说明

随着依法治国的不断深入、城市管理综合行政执法体制的长足发展，基层执法队员在日常执法办案时，需要面对日益多样的执法情境，运用越来越多的法律法规。但是"顶层设计"的缺乏，城市管理体制的不顺，使得城市管理综合行政执法工作先天不足；法制建设的滞后，制度性的缺陷，使得长效的、操作性强的管理制度缺乏；执法能力的不足，执法规范的不够，使得城市管理综合行政执法队伍的工作效率有待提升，队员的执法办案能力还需进一步提高。

当前国内尚无一套完整而系统的教材对日常的执法办案进行指导，存在很大的空白。因此，为了进一步加强执法规范化建设，提升执法办案水平，打造一支"专业化、正规化"的综合行政执法队伍，台州市综合行政执法局联合北京大学城市治理学院，在住建部城市管理监督局的指导下，专门成立编写小组，历时一年有余，编写了《城市管理综合执法办案实务》。在编写过程中，得到了台州市各级执法局法制业务精英的大力支持，在此深表谢意！

本书分为总则、受理与立案、简易程序（当场处罚）、案件调查、行政强制措施、行政处罚事先告知、听证、行政处罚的决定、送达、执行、结案十一章。主要从案件事实、证据收集、法律适用、执法程序、文书制作、执法经验、执法技巧等方面进行总结梳理，提炼了近年来城市管理综合行政执法工作的大量实践经验。力求在脚踏实地的基础上又能有所突破创新，给城市管理综合执法办案工作提供一个系统的思路和对策。

本书由主编设计和统稿，初稿成型后，邀请了章剑生（浙江大学法学院教授、博士生导师）、钟瑞友（浙江省人民政府法制办公室政府法制监督处处长，法学博士）、马国贤（浙江省高级人民法院行政二庭庭长）、项先权（浙江省新台州律师事务所主任、高级律师，法学博士）、潘承天（台州市法制办复议应诉处处长）、陈诚（台州市法制办立法处处长）、蔡超（台州市中级人民法院行政庭副庭长）、邵丹（台州市椒江区人民法院行政庭庭长）等专家进行论证。各位专家对本书给予了一致的肯定，并提出了许多宝贵意见，使本书的内容更加充实、完善。

具体编写分工如下：沈体雁（北京大学城市治理学院执行院长）：第一章；朱立国（台州市综合行政执法局局长）：第二章、第五章；徐高献（台州市综合行政执法局副局长）：第三章、第六章；周文（台州市综合行政执法局）：第四章第一、二节，第四至八节；张哲明（台州市综合行政执法局大队长助理）：第四章第三节，第九至十四节；陈家（台州市综合行政执法局）：第四章第十五节，第七章；卢鸿（台州市综合行政执法局市政公用中心副主任）：第八章；胡岚（台州市综合行政执法局法制处处长）：第九章；方媛（北京大学城市治理研究院中国城市治理创新联盟办公室主任）：第十章；杜兴建（台州市综合行政执法局）：第十一章。

目录

第一章 总则 ……………………………………………………………… 001
 第一节 城市管理综合执法概述 …………………………………… 001
 第二节 城市管理综合执法的指导思想 …………………………… 004
 第三节 城市管理综合执法的法律地位 …………………………… 004
 第四节 城市管理行政处罚的基本原则 …………………………… 005
 第五节 城市管理综合执法的基本要求 …………………………… 007

第二章 受理与立案 ……………………………………………………… 011
 第一节 案件的受理 ………………………………………………… 011
 第二节 立案 ………………………………………………………… 016
 第三节 不予立案 …………………………………………………… 022

第三章 简易程序（当场处罚） ………………………………………… 027
 第一节 适用简易程序的法律依据 ………………………………… 027
 第二节 适用简易程序的条件 ……………………………………… 028
 第三节 适用简易程序案件的执法程序及相关要求 ……………… 028
 第四节 罚款的缴付 ………………………………………………… 030
 第五节 两类适用简易程序处理的常见案件 ……………………… 031

第四章 案件调查 ··· 037

第一节 调查取证 ··· 037
第二节 违法行为构成要件 ································· 039
第三节 回避 ··· 041
第四节 证据 ··· 044
第五节 证据保全措施 ····································· 049
第六节 证据的审查与判断 ································· 053
第七节 证据链 ··· 054
第八节 调查询问 ··· 056
第九节 现场勘查 ··· 066
第十节 视听资料的收集 ··································· 080
第十一节 电子数据的收集 ································· 082
第十二节 行政执法全过程记录 ····························· 083
第十三节 鉴定（检测、检验） ····························· 085
第十四节 "零陈述"案件的办理 ···························· 087
第十五节 案件调查终结报告 ······························· 092

第五章 行政强制措施 ····································· 094

第一节 查封与扣押 ······································· 094
第二节 责令限期改正 ····································· 101

第六章 行政处罚事先告知 ································· 105

第一节 事先告知的内容 ··································· 105
第二节 事先告知的审批 ··································· 106
第三节 《行政处罚事先告知书》的制作与送达 ·············· 109

第七章 听证 ... 113
第一节 组织听证的程序 ... 113
第二节 举行听证 ... 114
第三节 听证后处理 ... 123

第八章 行政处罚的决定 ... 128
第一节 行政处罚决定的条件与原则 ... 128
第二节 行政处罚决定的审批 ... 129
第三节 《行政处罚决定书》的制作与送达 ... 132

第九章 送达 ... 140
第一节 文书送达的期限 ... 140
第二节 几种常用的送达方式 ... 140

第十章 执行 ... 144
第一节 当事人自履行 ... 144
第二节 强制执行 ... 146

第十一章 结案 ... 158
第一节 结案的条件 ... 158
第二节 撤销案件 ... 158
第三节 制作《行政处罚案件结案报告》 ... 161
第四节 建立案卷 ... 164

参考书目 ... 170

第一章 总 则

第一节 城市管理综合执法概述

改革开放以来,中国经济经历了长达40年的高速发展,也正在经历着世界历史上规模最大、速度最快的城镇化进程,城市发展日新月异,取得了举世瞩目的成就。城市管理综合执法是随着我国城市化建设的快速推进,城市数量日益增多,"城市病"日益突出,为了应对复杂的城市问题,提高城市可持续性、宜居性和经济竞争力而生的产物。城市管理综合执法作为城市治理一项重要职能,是政府为城市居民创造美好生活环境、维持良好市政秩序的重要手段,是政府塑造高效执政形象的平台载体。

城市管理综合执法最早可以追溯到1996年《中华人民共和国行政处罚法》中第一次明确规定的相对集中处罚权制度,同年11月,国务院批准北京市宣武区为全国第一个城市管理综合执法试点地区。2002年国务院颁布实施了第17号文件《关于进一步推进相对集中行政处罚权工作的决定》,其中不仅明确规定实行相对集中行政处罚权的领域,而且圈定了城市管理综合执法职能范围由七类确定职能和一个兜底条款构成,具体包括:(1) 市容环境卫生管理方面法律、法规、规章规定的行政处罚权,强制拆除不符合城市容貌标准、环境卫生标准的建筑物或者设施;(2) 城市规划管理方面法律、法规、规章规定的全部或者部分行政处罚权;(3) 城市绿化管理方面法律、法规、规章规定的行政处罚权;(4) 市政管理方面法律、法规、规章规定的行政处罚权；（5）环境保护管理方面法律、法规、规章规定的部分行政处罚权；（6）工商行政管理方面法律、法规、规章规定的对无证照商贩的行政处罚权；（7）公安交通管理方面法律、法规、规章规定的对侵占城市道路行为的行政处罚权；（8）省、自治区、直辖市人民政府决定调整的城市管理领域的其他行政处罚权。2002年，全国已有82个城市进行了相对集中行政处罚权的试点工作。2003年，中编办、国务院法制办颁布了《关于推进相对集中行政处罚权和综合行政执法试点工作有关问题的通知》（中央编办发［2003］4号），阐述了相对集中行政处罚权与综合行政执法的概念，认为相对集中行政处罚权，是根据《行政处罚法》对部分行政处罚权的相对集中；而综合行政执法则是在相对集中行政处罚权基础上对执法工作的改革。这里的"综合"与"相对集中"并不矛盾，所谓的"综合"是一定范围内行政职能的综合，包括系统内的同一个行政单位不同处室的处罚权以及探索性地将部分跨系统的行政单位处罚权的合并，而不是眉毛胡子一把抓，将任何不同职能的处罚权合并，更不能将执法性质不同的行政职能合并，正是在这种意义上说，它又是"相对集中"的，应当说综合行政执法正是相对集中行政处罚权的具体化与实际化。另外，综合行政执法不仅仅指实施处罚权，它还可以在整个执法过程中实施相对应的行政强制措施、监督检查措施，甚至进行必要的管理。2014年10月，十八届四中全会通过的《中共中央关于全面推进依法治国若干重大问题的决定》提出："推进综合执法，大幅减少市县两级政府执法队伍种类，重点在食品药品安全、工商质检、公共卫生、安全生产、文化旅游、资源环境、农林水利、交通运输、城乡建设、海洋渔业等领域内推行综合执法，有条件的领域可以推行跨部门综合执法。"这是综合行政执法工作进入全新阶段的标志。2015年4月，中央出台了关于综合行政执法体制改革的意见，在《中央编办关于开展综合行政执法体制改革试点工作的意见》中提出从过去开设82个城市进行"相对集中行政处罚权的试点"到开设138个城市进行"综合行政执法体制改革的试点"，此后，在正式文件中开始用"综合行政执法体制改革"一词代替"相对集中行政处罚权"。同年12月，中共中央和国务院联合下发《中共中央国务院关于深入推进城市执法体制改革改进城市管理工作的指导意见》，这是新中国成立以来首次从中央层面

第一章 总则

对城市管理执法工作作出全面部署。2017年1月，中华人民共和国住建部出台的《城市管理执法办法》适时地为城市管理综合执法工作确立了明确的依据。

然而，我国城市管理综合执法工作仍面临诸多困境：

（1）城市管理综合执法缺少相关配套法律法规。目前我国城市管理仍无国家层面的立法，由于上位法的缺失，城市管理综合执法工作仍处于借法执法的状态。

（2）城市管理综合执法权责仍不清晰，公务协作体系有待完善。城市管理综合执法机关的执法权来自行政职能机关职权的部分行政处罚权的划转，但行政许可权、日常监管权没有随着执法权的划转而划转，仍留在原行政单位，造成综合行政执法部门与原划转部门的执法、管理边界不清，综合行政执法部门何时介入较为模糊，或出现相互推诿现象。城市的规模大小不一，层级有区别，区域有差异，经济水平有落差，管理任务有轻重，一个城市到底有多少城管执法人员才算科学合理，至今没有一个定论。实践中职责交叉和执法空白同时存在。

（3）城市管理综合执法队伍人员配置仍需完善。城市管理执法人员定员数标准死板难以满足管理需要，城管人员编制混乱既影响了执法的严肃性，又给队伍建设、人员管理、工资福利待遇等方面造成难题。

（4）城市管理综合执法社会环境有待提高，执法保障机制、问责机制欠缺。城管执法工作内容大多是其他部门解决不了划转过来，与城管执法联勤机制不到位，物质装备缺失，部分城管执法人员在执法中出现暴力执法的现象。同时，城管的执法对象，绝大部分是弱势群体，文化素质不高，不明白综合执法的法律地位及重要性，对综合执法的职责不明，造成群众对城管执法工作不了解，进而不理解城管执法工作，这决定了城管在舆论上处在一个不利的地位，民众往往对城管执法行为产生负面情绪，甚至出现城管被妖魔化的现象。

虽然城市管理综合执法的工作不断得到群众的认可和社会的好评，但仍有众多问题有待解决，在我国城镇化和经济社会快速发展的宏观背景下，城市管理综合执法工作不断面对新的机遇和挑战，任重而道远。

第二节 城市管理综合执法的指导思想

党的十八大提出的"五位一体"概念,强调了生态文明建设的重要性,特别是"绿水青山就是金山银山"的理念,这些均表明中央对环境保护的高度重视。

党的十九大又提出,我国社会主要矛盾已经转化为人民日益增长的美好生活需要和不平衡不充分的发展之间的矛盾。这进一步说明了我国在进行经济建设的同时,除了要重视精神文明建设,还必须要高度重视生态文明建设,从而提高百姓的生活质量、改善生活环境。而城市管理综合执法部门的设立,就是落实这些理念的重要举措之一。

城市管理综合执法必须要坚持以人为本的指导思想,牢固树立创新、协调、绿色、开放、共享的发展理念,以城市管理现代化为导向,以理顺体制、机制为途径,将城市管理执法体制改革作为推进城市发展方式转变的重要手段。城市管理综合执法应当与简政放权、转变政府职能、规范行政权力运行等有机结合,构建权责明晰、服务为先、管理优化、执法规范、安全有序的城市管理体制,推动城市管理走向城市治理,并依托人性化管理和亲情化服务,促进城市运行高效有序,打造整洁、优美、便利、休闲的城市环境,营造宜居、宜业的良好氛围,提升城市综合品质,让百姓生活更加美好。

第三节 城市管理综合执法的法律地位

根据《行政处罚法》第 16 条之规定:"国务院或者经国务院授权的省、自治区、直辖市人民政府可以决定一个行政机关行使有关行政机关的行政处罚权。"《行政强制法》第 17 条第 2 款规定:"依据《中华人民共和国行政处罚法》的规定行使相对集中行政处罚权的行政机关,可以实施法律、法规规定的与行政处罚权相关的行政强制措施。"2003 年,中央编办、国务院法制办颁布了《关于推进相对集中行政处罚权和综合行政执法试点工作有关问题的通知》(中央编办发〔2003〕4号)。2017年1月,中华人民共和国住房和城乡建设部出台的《城市管理执法办法》第10条规定:城市管理执法主管部门依法相对集中行使行政处罚权的,可以实施法律法规规定的与行政处罚权相关的行政强制措施。

具体到地方,比如浙江省人大及其常委会出台了《浙江省城市管理相对集中行政处罚权条例》,其第2条第2款规定:"本条例所称城市管理相对集中行政处罚权,是指依照行政处罚法和国务院有关规定,由市、县(市、区,下同)城市管理行政执法部门依法集中行使相关行政管理部门在城市管理领域的全部或者部分行政处罚权。"第3条第2款规定:"城市管理行政执法部门是本级人民政府设立的行使城市管理相对集中行政处罚权的专门机关,依法独立履行职责,并承担相应的法律责任。"

总之,法律上明确了可以将多个行政机关的行政处罚权集中,交由城市管理综合执法机关统一行使,且可以行使与行政处罚过程中相对应的行政强制权。城市管理综合执法部门是本级政府直接领导的独立行政执法部门,依法独立履行规定的职权,并承担相应的法律责任。

第四节　城市管理行政处罚的基本原则

城市管理综合执法是典型的损益性行政行为,其实施必然导致对特定的行政相对人设定义务,或者剥夺、限制其权益。因此,城市管理综合执法行为自始至终都必须严格执行行政处罚法的规定。

一、合法性原则

城管综合行政执法要做到主体合法、职权来源合法、执法过程中依据法律规定的条件和程序执法,整个执法过程依法受到监督和问责。行政处罚的实施必须有法律、法规或者规章为依据,某一行政处罚行为是否合法,不仅取决于是否严格按照法律规范作出,而且还取决于其所依据的规范是否合法,如果行政处罚所依据的规范本身就违法,必然导致作出的处罚行

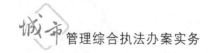

为违法。此外，具备了执法主体资格的城市管理综合执法部门在行使行政处罚权时，还必须遵守法定的职权范围，不得越权和滥用权力。

二、合理性原则

城市管理综合执法必须公正、公平、公开，实施行政处罚必须以事实为依据，与违法行为的事实、性质、情节以及社会危害程度相当。为了确保处罚公开和公正，对违法行为给予行政处罚的规定必须公布；未经公布的，不得作为行政处罚的依据；同时，处罚程序必须公开。在行使行政处罚自由裁量权时，在合法的前提下，还应当符合客观规律和法律理性，正确地考虑相关因素，符合社会公平正义。

三、堵疏相结合原则

堵疏结合原则是行政法合理性原则在城市管理综合执法中的具体体现，城市管理综合执法性质与其他行政执法处罚在执法内容上有所不同，部分当事人相对弱势，管理中，也折射出城市规划、城市建设以及城市管理自身的不足。正是在这种情况下，执法人员必须遵循比例原则，权衡利益，不能一味地查处，而同时应当思考政府自身的缺位，解决群众生活中迫切需要的问题，适时地增设必要的临时疏导点等，满足群众生活的需求。

四、教育与处罚相结合原则

实施行政处罚，纠正违法行为，应当坚持教育与处罚相结合原则，教育公民、法人或者其他组织自觉守法。一般遵循先教育、后罚款的先后程序，很多城市管理方面相关法律明文规定了责令限期整改优先的行政处罚步骤正是这一原则的具体表现。教育必须以处罚为后盾，教育不能代替处罚。为了达到制止并预防违法的目的，对受处罚的违法行为，应在处罚时给予被处罚人以帮助教育。

五、一事不再罚原则

行政处罚以惩戒违法行为人，使其以后不再犯为目的，而不是以某种义务的履行为目的。所以，一次处罚即可达到目的。城市管理综合执法必须遵循一事不再罚的原则，针对当事人的同一个违法行为，不能给予两次以上罚款的行政处罚。

六、保障相对人权利原则

城管综合行政执法行为要保障相对人的权利，实质上是保障相对人陈述权、申辩权和无救济便无处罚等权利。相对人对城市管理综合执法部门所给予的行政处罚，享有陈述权、申辩权；对行政处罚不服的，有权依法申请行政复议或者提起行政诉讼；因违法行政处罚受到损害的，有权提出赔偿要求。

第五节　城市管理综合执法的基本要求

一、执法主体资格要求

城市管理综合执法部门是地方各级政府的重要组成部门，除了是需要在行政处罚法、各地区相对集中行政处罚权条例等法律法规规定的范围内行使行政权力的执法主体，还应当是根据省级人民政府批准的执法职能及范围内行使职权的行政单位。目前，全国各地大多已经成立了城市管理综合执法局或综合行政执法局（城市管理局），既有将原来建设系统内的那些业务统一划转过来的综合执法部门，也有如浙江等地探索性地施行跨部门的大综合执法部门。但不管单位或机构如何命名，适格的执法主体都必须是一级地方政府下的行政组成部门。实施行政处罚、行政强制措施的主体，须能承担相应的法律责任。

二、执法人员的资格要求

执法人员必须是取得公务员资格或参照公务员身份并参加新录用公务员考核合格后，供职于政府部门，通过省级行政执法资格考试的正式编制人员。被辞职的、解聘的、开除的、任期届满等的人员，其执法资格自然取消。因执法乱作为，接受组织调查期间，一般也不得参与执法工作。

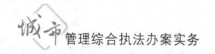

当然，上述只是城市管理综合执法人员的资格要求，作为一名合格的城市管理与执法者，还必须熟悉与掌握行政处罚法、行政复议法、行政诉讼法、行政强制法、相对集中处罚权条例等行政法律法规，以及市容环境卫生、城乡规划、市政工程、城市绿化、环境保护、工商管理、公安交通等城市管理方面的法律法规及规章。应当有执法办案的能力，做群众工作的能力，与媒体沟通的能力，等等。

三、执法人员的职业规范

城市管理综合执法部门及其执法人员实施城市管理综合执法，应遵守下列规范：

1. 城市管理综合执法部门及其执法人员实施城市管理综合执法，应当依据法定的职权和程序，做到公正、严格、文明、高效。

2. 城市管理综合执法人员在执法活动中，除有特殊工作需要外，工作期间应当着制式服装，佩戴"行政执法证"。制式服装应当配套穿着，不得与便服混穿。执法人员须语言文明，行为规范。执法车辆应当保持车容整洁，车况良好。

3. 城市管理综合执法人员执法时，要注意自身安全，外出执法不得少于两人，或者由一名城市管理综合执法人员带领两名以上协管员进行。

4. 协管员只能实施维护秩序、宣传、疏导等非执法活动，不得从事调查取证、作出行政处罚或强制措施决定等执法活动。

四、执法人员的禁止性行为

城市管理综合执法部门及其执法人员实施城市管理综合执法，严禁下列行为：

（1）弄虚作假，隐瞒案情，包庇、纵容违法犯罪活动；

（2）辱骂、训斥、推搡、殴打或者指使、放纵他人殴打违法嫌疑人；

（3）非法剥夺、限制他人人身自由，非法搜查他人的身体、物品；

（4）玩忽职守，不履行法定义务；

（5）方法简单，行为粗糙，言语粗暴；

（6）不遵守程序，滥用权力；

(7) 其他违法违纪的行为。

五、执法工作中的注意事项

执法人员在执法工作中要注意落实"四个一",即说好第一句话、做好第一个动作、规范好第一道程序、做好第一次宣传。具体操作视案情及现场实际情况而定,总的理念是:说好第一句话,旨在要求执法人员具有亲和力,面对当事人应当与当事人建立起良好的沟通氛围,避免出现僵局,形成被动局面;做好第一个动作,要求执法人员具有良好的仪态,体现执法人员的端庄与威严,城市管理综合执法人员应当着装整齐,佩戴统一标志和"行政执法证",表明执法身份等,按规定要求做好必要的动作;规范第一道程序,指执法人员应当依法办案,依程序办案,及时固定现场信息,出具相应的法律文书;做好第一次宣传,既指对当事人及周边的百姓做好城市管理的相关法律政策宣传,也指对城市管理执法人员查处后,对相关案件事实的报道。

在执法办案过程中,应当注意下列基本要求:
(1) 依法受理案件,如实受案;
(2) 执法主体合法,符合管辖范围规定;
(3) 调查取证应当及时、客观、全面,案件事实清楚,证据确实充分;
(4) 定性及适用法律、法规、规章准确,量处适当;
(5) 使用强制措施、调查措施需法律手续完备,程序合法;
(6) 法律文书规范、完备,案卷装订规范。

六、办案过程中执法队员需建立三个意识

1. 法治意识

法治意识就是要求执法队员坚持依法治国的基本方略,牢固树立法治权威、尊重法治精神。首先,要树立"法无授权不可为","法无禁止即可为"的理念,要在法律授权的范围内行使行政权力,绝不能违背法律精神、超越授权范围行使权力。并将行政执法的各个环节纳入法治轨道,让违法行为得到法律公正公平的制裁。其次,对当事人的违法行为要用法律进行处罚,并以法律文书的形式将处罚决定送达被处罚当事人,而不是使用暴

力等非法律手段进行。如此能够促进违法行为人从思想上对自身违法行为的认识，提升人民群众遵纪守法的意识。

运用法治意识规范行政执法，执法过程做到有法可依，违法必究，有利于消除之前出现的暴力执法等负面影响，树立城市管理综合执法队伍威严、正面的新形象。

2. 证据意识

要树立有效证据意识。有效证据意识要求执法队员在执法办案过程中，通过收集证据来证明违法行为，并且违法行为的每一个环节都有证据证明，这样才能对违法行为作出处罚。在执法过程中不能只重视当事人陈述，轻视证人证言、勘验笔录、鉴定意见等证据，而是要收集和积累充足的有效证据，从而形成证据的合理锁链来认定违法事实，做到即使是"零陈述"也能够依法查处违法行为。

要树立及时取证意识。执法队员日常管理、执法检查、处理信访等行政执法行为也就是收集证据的过程，要培养到达违法现场立即取证的意识。另外执法队员还要培养工作过程中随身携带照相机、执法记录仪、现场勘查文书等取证设备的意识，做到随时发现违法行为能够即时以合法的方式取证，不管是否需要对违法行为进行处罚，在取得证据之后，就能做到有备无患，掌握执法的主动权。

3. 诉讼意识

执法办案是一项程序性强、法律要求高的工作，随着我国法治社会的逐渐发展和完善，公民的民主意识和法治观念不断加强，针对行政处罚而引起的行政诉讼越来越多，对执法队员的要求也就越来越高。这要求执法人员在执法办案过程中要时刻牢固树立诉讼意识，以每个当事人都要同执法办案机关诉讼的姿态去收集证据，严格依法行政，做到执法办案过程中实体、程序合法，这样每一个案件才能办成"铁案"，才能够经得起行政复议和行政诉讼的考验。

三个意识是互相联系、互相补充的关系，法治意识是基础、证据意识和诉讼意识是对法治意识的有力支撑。三个意识的建立需要执法队员在执法过程中不断提醒自己，把三个意识落实到执法办案的过程中去，切实提升执法办案水平。

第二章　受理与立案

第一节　案件的受理

案件受理是指对各种来源的案件信息进行前期调查了解，并予以受理、登记的过程。

一、综合执法部门案件的几种来源

（一）本单位工作人员巡查发现的

日常巡查是指城市管理综合执法部门在平时工作中，根据自身职能有针对性地进行巡逻和检查，以达到维持社会秩序的目的。在巡查过程中发现的违规、违法行为，应当场进行记录并进行初步处理。

（二）群众投诉、举报、信访交办的

群众投诉、举报有多种形式，有的直接来人到单位反映，有的通过信访部门反映，有的拨打热线电话或使用邮件提供线索，也有的通过网站反映情况等等。无论哪种形式都应当引起足够重视，做好登记受理工作，切不可敷衍推诿。

信访，是指公民、法人或者其他组织采用书信、电子邮件、传真、电话、走访等形式，向各级人民政府、县级以上人民政府工作部门反映情况，提出建议、意见或者投诉请求，依法由有关行政机关处理的活动。信访是广大群众请求政府解决问题的途径之一，对于信访交办的案件，应尽快受理以便落实。

（三）其他单位移交的

在实际工作中，各执法部门经常会发现一些不属于本单位职能范围但属于其他部门职责的违法行为。因此，各部门之间案件的移交比较常见。对于其他单位移交的案件，应在受理后认真审查，分别处理。

（四）政府及上级部门指定管辖的

政府及上级部门指定管辖的案件一般是比较重大、疑难或有争议的案件。遇到这类案件要更加提高重视，从受案环节起就应注重证据的收集和固定，以便进一步调查。

比如A市B区、C区交界地带发生一起体量较大的违法建设案件，涉案违法建筑横跨两区，造成B区、C区两个城市管理综合执行管辖权争议。后由两个单位的共同上级A市综合行政执法局出面，根据实际情况，指定B区综合执法局对该案进行处理。这就是典型的上级指定管辖，在执法工作中比较常见。

（五）新闻媒体曝光的

新闻媒体亦称大众媒体，一般来说，新闻媒体包括纸质媒体（报刊）和电子媒体（广播、电视）两种。随着互联网的兴起，作为"新电子媒体"的网络逐渐成为一种新的媒体类型。

新闻媒体曝光的案件往往是一些社会民生热点问题，在网络飞速发展的今天，这些热点问题很容易被舆论炒作，不及时处理将会对综合执法部门的形象造成不良影响，因此务必给予足够的重视。

（六）其他需要受理的情形

城市管理综合执法工作量大面广，涉及的事项很多，本着以人为本的执法理念，除明确不属本部门管辖的案件外，都应当先予受理。

二、案件初查

在受理案件后，受理单位应当对各种来源的案件信息进行初步调查，我们称之为"案件初查"。行政案件初查的目的是为了对整个案件有一个基本的了解，并判定该案是否存在立案条件，是否有继续深入调查的必要。

（一）案件初查的相关要素

1. 初步判定有无违法行为。

所谓违法行为，顾名思义就是法律明文禁止的行为。比如有商家在公共场所乱倒生活垃圾，违反了《浙江省城市市容和环境卫生管理条例》等法律法规，就属于一个比较常见的违法行为。

2. 判定该违法行为是否属于综合执法受案范围和本综合执法局管辖。

《中华人民共和国行政处罚法》中对行政处罚的管辖问题已经有统一规定，在实际工作中，受理案件的综合执法部门首先要根据本单位"三定方案"的内容来确定是否对该案件有管辖权，然后可以根据以下几点加以判定：

一是原则上由违法行为发生地的县级以上地方人民政府具有行政处罚权的行政机关管辖；二是如果法律、行政法规对行政处罚的管辖有专门的规定，按照该法律、行政法规的规定进行管辖；三是两个或两个以上行政处罚实施主体对行政处罚管辖权发生争议的，报请共同上一级行政机关指定管辖；四是违法行为情节较重，已构成犯罪的，应当及时移送司法机关依法追究刑事责任，而不能以罚代刑，放纵犯罪。

3. 审查案件是否在追诉期以内。

行政处罚的追诉时效是指对违法行为人追究责任，给予行政处罚的有效期限。如果超过这个期限，则不再实施行政处罚。一般行政案件的追诉时效为2年，在违法行为发生后2年内未被行政机关发现的，不能再给予行政处罚。时效的计算，是从违法行为发生之日起，如果违法行为有连续或者继续状态的，则从行为终了之日起计算。

连续状态是指行为人连续实施数个同一种类的违法行为，如商家为了招揽生意，从某月1号开始到10号止，连续10天每天都在店门口违规设摊搞宣传，早上摆摊出来，晚上收摊回去，则该违法行为时效起算日应该从10号开始。

继续状态是指一个违法行为在时间上的延续，比如某洗车店长期占用公共停车位开展洗车业务，只要该占用行为没有消除，违法情形将一直延续。

追诉时效为2年，属一般规定，如果法律有特别规定的，则依法律规定。

4. 审查移交的材料是否齐全。

如果是其他单位移交的案件，要注意审查移交单位是否已提供了初步调查的相关资料。一般应当包括案件的基本情况、受理或立案证明、移送函、初步的原始证据等。

(二) 初查取证

案件初查不仅是一个程序性的环节，更重要的是在初查时就应该着手固定第一手证据，这些证据往往能在之后案件的办理过程中起到举足轻重的作用，是整个证据链的基础。

1. 制作举报人笔录。

案件有举报人的，受理案件后应当及时制作举报人的询问笔录。报案笔录可以使办案人员对整个案件形成一个大致的印象，有助于判断之后的调查方向和重点，并且可以跟其他证据形成印证，是行政案件的重要证据之一。

2. 固定现场证据。

城市管理综合执法部门日常工作中查处的违法行为大多具有很强的时效性，比如占道经营、抛洒滴漏等市容类案件，不及时固定证据的话，现场情况很容易灭失。因此，执法人员在发现违法行为时要第一时间对违法现场情况进行拍照（或摄像）固定，必要时还可以采取查封、扣押等强制措施。对于现场跟案件有关的物品，应做好相关登记保存工作。

在日常工作中，由于执法人员到达违法现场进行初步处置时，多数情况下案件还处于没有立案的状态，很多执法队员就会认为没有立案就不能进行取证。这其实是一个误区。只要主体适格，程序适当，执法人员提取的证据就是合法的，其真实性并不受立案与否的影响。

(三) 初查后的处理

1. 经过案件初查，符合相关四个要素的一般行政案件，应当在受理之后 7 个工作日内作出是否立案的初查结论；重大或者复杂案件，可以在 15 个工作日内作出。

2. 对符合立案条件的，应当及时立案进行调查。不符合立案条件的，应当作出不予立案的决定，并将书面的意见送达报案（举报）人。涉及信访或领导交办的，应当及时回复、报告。

3. 城市管理综合执法部门办案机构受理案件并进行现场处置后,消除危害后果的,可不予立案。已立案的,可予销案。比如市容类案件中比较常见的占道经营、跨门经营等违法行为,经综合行政执法队员口头或书面责令整改后,当事人能及时改正的,可不再立案进行处罚。

4. 经初查不属于本综合执法局管辖,但属于其他执法部门管辖的案件,应当移交至有管辖权的部门办理。

5. 城市管理综合执法部门应当建立完善案件受理登记制度,保证每一个案件都能做到登记在册备查。

三、《案件受理登记表》文书样式

××市综合行政执法局
案件受理登记表

案件来源	☑投诉、举报 □巡查发现 □交办 □移送 □媒体曝光 □其他						
	投诉、举报人	张×	地址	××区××路××号	身份证号码	33100419820708××××	联系方式	13750600×××
	移送单位				地址			
受案时间	2017.7.1	案发时间	2017.6.30	案发地点	××区××路××号		
当事人情况	法人或者其他组织	名称		负责人	姓名		
					职务		
		地址		联系电话			
	公民	姓名	王×	性别	男	年龄	40
		地址	××区××路××号	联系电话			
简要案情	举报人张×反映其邻居王×于2017年6月30日早上在××区××路××号二楼阳台擅自搭建阳光房。						

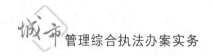

（续表）

承办人处理意见	举报人反映的情况属本单位管辖，建议受理以便进一步调查。 签字：刘×× 周×× 2017年7月1日		
承办机构审讯意见	同意受理。 签字：李× 2017年7月1日	备注	

第二节 立 案

一、一般程序行政案件的立案条件

行政机关经过初查后，对属于本单位管辖范围的违法行为，认为依法可以处理的，除适用简易程序外，都可以予以立案。一般程序行政案件主要包括以下几个要素：

（一）有违法行为发生

这里的"违法行为"不一定指已经经过法定程序确认的违法行为，只要求基本符合违法行为构成要件即可，包括有客观的违法事实及初步的证据资料等。

（二）有适格的当事人

一般来说，行政案件的当事人应当是自然人、法人或者其他组织。

1. 自然人，即生物学意义上的人，是基于出生而取得民事主体资格的人，其外延包括本国公民、外国公民和无国籍人。但并不是所有自然人都可以成为行政处罚的主体。根据《中华人民共和国行政处罚法》第25、26条，对不满14周岁的人和不能辨认或者不能控制自己行为时有违法行为的精神病人不予行政处罚，故作出行政违法行为的这两类人不能成为行政处罚"适格的当事人"。

2. 法人。法人是与自然人相对称的,是指在法律上人格化了的、依法具有民事权利能力和民事行为能力并独立享有民事权利、承担民事义务的社会组织。法人在发生违法行为前如果存在合并或者分立情形的,合并后的企业法人应为行政处罚主体,分立后的企业法人作为共同当事人。

3. 其他组织。根据《最高人民法院关于适用〈中华人民共和国民事诉讼法〉的解释》第52条和《民事诉讼法》第48条的规定,其他组织是指合法成立、有一定的组织机构和财产,但又不具备法人资格的组织。

在实际工作中,对当事人为个体工商户的认定,有字号的,应以登记的字号为当事人;没有字号的,以营业执照登记的经营者为当事人。

（三）认定的违法行为依法可以给予行政处罚

违法行为查证属实后,对当事人进行行政处罚应有相应的法律依据,且当事人的违法行为还应当有明确的法律后果（即在法律规定上既能找得到违则,又有对应的罚则）。

比如《浙江省城市市容和环境卫生管理条例》第18条规定：

> 沿街和广场周边的经营者不得擅自超出门、窗进行店外经营、作业或者展示商品。
>
> 从事车辆清洗或者维修、废品收购、废弃物接纳作业的单位和个人,应当采取有效措施防止污水外流或者废弃物向外洒落,保持周围环境整洁。
>
> 违反前两款规定的,责令限期改正;逾期不改正的,对违反本条第一款规定的行为,可以处一百元以上一千元以下的罚款,对违反本条第二款规定的行为,处五百元以上三千元以下的罚款。

该条第1、2款即为违则,第3款即为罚则。

（四）违法行为属于本单位管辖

判断对违法行为是否有管辖权,主要判断其是否属于本单位地域管辖和职权管辖的范围。

1. 地域管辖

按照《中华人民共和国行政处罚法》第 20 条规定："行政处罚由违法行为发生地的县级以上人民政府具有行政处罚权的行政机关管辖。"所谓"违法行为发生地",是指违法行为的实施地、结果发生地和发现地。这一条确定了行政处罚地域管辖的一般原则,是实际工作中最常见的划分方法。比如 A 区公民某甲在 B 区公共场所张贴小广告,该违法行为就应当由 B 区城市管理综合执法部门来进行处理。

2. 职权管辖

《中华人民共和国行政处罚法》第 15 条规定："行政处罚由具有行政处罚权的行政机关在法定职权范围内实施。"

根据该原则,首先,实施行政处罚的机关必须是有行政处罚权的机关,无行政处罚权的机关不能实施行政处罚。其次,有行政处罚权的机关必须在自己的职权范围内实施行政处罚,对超越自己管辖范围以外的行政违法行为无行政处罚权,无权管辖。

二、一般程序案件的立案流程

(一) 受理登记

对于每一个受理的案件,都必须登记在册备考。受理登记的主要内容应包括发案时间、受理时间、发案地点、简要案情、当事人信息、联系方式,等等。

为避免办案过程中因难以向当事人送达法律文书而影响效率、增加执法成本,在对违法案件进行登记时,应同时要求当事人填写《当事人地址确认书》。若当事人拒绝提供自己的送达地址,应告知其拒不提供的,将以自然人户籍登记中的住所地或者经常居住地为送达地址;法人或者其他组织以其工商登记或者其他依法登记、备案中的住所地为送达地址。

(二) 填写《立案审批表》

受理的案件经过初查后,认为符合立案条件的,承办人员需要立即填写《立案审批表》,并按流程上报。

（三）报请立案

承办人员填写好《立案审批表》并经承办中队负责人签字同意后，将《立案审批表》报局分管领导审批同意。此时应附案件来源的材料和有关的证据。

在实际工作中如有必要，可以由承办中队负责人直接决定是否立案，以提高案件办理效率。

三、《立案审批表》制作要点

1. 准确填写案由及案件来源。

案由应写明案件反映的主要问题，在表述时应当加"涉嫌"二字，其书写形式为：涉嫌＋具体违法行为＋案。案件来源应注明检查发现、投诉举报、新闻媒体披露、上级交办、有关部门移送等字样。

2. 当事人基本信息根据不同情况填写。

当事人为法人或组织的，填单位名称、法定代表人或负责人姓名、职务等；当事人为公民的，填写姓名、性别、职业、身份证号码、工作单位等。其中，个人住址以户籍所在地为法定住址，有经常居住地的以经常居住地为其住址；单位住所地以工商营业执照或民政等部门的登记材料上注明的地址为住所。因立案时相关情况尚未掌握的，可以简略。

3. 写明案件简要情况。

应写明发生违法行为的时间、地点及基本情况。在检查中发现的案件应写明检查的时间、地点和检查结果，应注明承办人对违法事实、情节的判断，写明当事人可能违反的法律、法规、规章的名称及具体条款。

4. 承办人员须写明建议立案的意见、日期并签名。

5. 承办机构负责人须写明同意或不同意立案的意见、日期并签名。

6. 行政执法机关负责人或者其授权的相关负责人须写明同意或不同意立案的审批意见、日期并签名，另外要指定2名执法人员为本案承办人员。

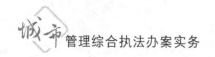

四、《立案审批表》文书样式

立案审批表

案件类别：市政公用　　　　　　　　　　案号：×综执（2016）第160××号

案　由		××市××天然气有限公司涉嫌未取得燃气经营许可证从事燃气经营活动案		
案件来源		上级交办		
当事人基本情况	单位	名称	××市××天然气有限公司	统一社会信用代码	91331004570572××××
		法定代表人（负责人）姓名	李××	职务	
	个人	姓名		性别	出生年月	民族	身份证号
		工作单位				职业	
		住所地（住址）	××市××区××路××号	联系电话	0576-89213×××
案情简介及立案理由	发案时间	2016年9月6日	发案地点	××市××区××村
	主要违法事实及造成危害和影响		2016年9月6日上午，××市××天然气有限公司几名销售人员在××市××区××村将16罐瓶装燃气销售给当地村民张××、韩××等，共获得收入1280元，经初步调查，该公司并未取得相关经营许可证。		
	立案理由		当事人的行为涉嫌违反了《城镇燃气管理条例》第15条第1款的规定。		
承办人处理意见		建议立案查处。 签名：管×× 孙×× 2016年9月6日	承办机构审核意见	同意立案。建议指定管××、孙××为本案调查人员。 签名：黄×× 2016年9月6日
领导审批意见		同意。 签名：××× 2016年9月6日			

五、《当事人地址确认书》文书样式

××市综合行政执法局
当事人送达地址确认书

案由		案号	
对当事人填写送达地址确认书的告知事项	1. 为便于当事人及时收到相关文书,保证执法程序顺利进行,当事人应当如实提供确切的送达地址; 2. 案件处理期间如果送达地址有变更,应当及时告知综合执法局变更后的送达地址; 3. 如果提供的地址不确切,或不及时告知变更后的地址,使相关文书无法送达或未及时送达,当事人将自行承担由此可能产生的法律后果。		
当事人提供自己的送达地址	1. 本人确认下列地址为送达地址: 　　地址:　　　　　　　　　　　　　　　邮编: 　　收件人:　　　　　　　　　　　　　　电话: 2. 本人指定以下代收人地址为送达地址: 　　代收人:　　　　　　　　　　　　与本人关系: 　　地址:　　　　　　　　　　　　　　　邮编: 3. 本人指定下列现代通讯方式送达: 　（1）手机短信,接收号码:　　　（2）传真,接收号码: 　（3）电子邮件,邮箱地址:　　　（4）其他方式及码址: 4. 其他联系方式:		
当事人对自己送达地址的确认	我已经阅读了（听明白）××综合行政执法局对当事人填写送达地址确认书的告知事项,并保证上述送达地址是准确、有效的。 　　　　　　　　　　当事人签名、盖章或捺印: 　　　　　　　　　　　　　　　　年　月　日		
备注			
工作人员签名			

第三节 不予立案

一、不予立案的几种情形

执法队员对于已受理的案件,如发现有下列情形之一的,由承办人员填写《不予立案审批表》,报请局分管领导批准后,不予立案。

(一)没有违法事实的

比如有群众匿名反映辖区某商家未经审批搭建停车库,执法队员赶赴现场后发现该商家已经办理相关的审批手续,则该案件不能成立。

(二)违法行为已过追诉时效的

比如群众在2017年12月1日反映某商家2015年11月1日曾有乱设宣传标语的行为,由于发案后至报案时已经超过2年的追诉期限,应不予立案。

(三)没有明确的当事人或当事人已死亡的

比如执法队员在巡逻过程中,发现公园草坪被人踩坏,经过初步调查不能确定当事人,则无法进行立案。(类似此类没有明确当事人的案件,应做好案件登记,并注意提取原始证据保存。)

在案件调查的过程中,如果遇到当事人死亡的,应当终止调查,不予立案,已立案的可予销案。但涉案财物有继承(受益)人的除外。

(四)不属于综合行政执法范围或本单位管辖的

比如居民向综合行政执法部门投诉噪音扰民,执法队员赶至现场后发现是报案人住所附近有人在吵架,属于公安部门管辖范围,因此不能立案。

(五)其他不予立案情形

法律、法规以及其他政策、制度等另有规定可不予立案的,根据实际情况予以处理。

对投诉、举报或部门移送符合前述事项之一的,除按规定填写《不予立案审批表》外,还应书面函复相关当事人和部门,并说明不予立案的理由和依据。

二、对不予立案几种情形的处理

对于不予立案的投诉、举报、申诉，经综合行政执法部门负责人批准后，由办案机构将结果告知具名的投诉人、申诉人、举报人。综合行政执法部门应当将不予立案的相关情况作书面记录留存。对不予立案要根据具体的案件情形进行处理，一般有以下几类：

（1）对于案件来源是群众投诉、举报的，应当告知；

（2）对于案件不属于本单位管辖范围的，应当移交给有权单位处理；

（3）对于案件来源是其他机关交办移送的，应予退回；

（4）对于案件来源是政府及上级部门交办的，应予报告，并等待上级决定。

三、制作《不予立案审批表》

《不予立案审批表》的制作要点与《立案审批表》大致相同，主要需注意的是要将不予立案的理由详细填写清楚。

四、《不予立案审批表》文书样式

不予立案审批表

案件类别：规划				案号：×综执（2016）第160××号	
案由	××市××装饰有限公司涉嫌违法建设案				
案件来源	群众举报				
当事人基本情况	单位	名称	××市××装饰有限公司	统一社会信用代码	91331003674152×××
		法定代表人（负责人）姓名	张××	职务	总经理
	个人	姓名		性别	出生年月	民族	身份证号
		工作单位			职业	
		住所地（住址）	××市××区××街道××路×号		联系电话	0576-82222×××

（续表）

案情简介及不立案理由	案件受案情况和简介	发案时间	2016年11月1日	发案地点	××市××区××街道××路××号
		2016年11月1日早上9时15分，我局接到群众举报，称××市××区××街道××路××号××装饰有限公司正在店门口违法搭建围墙。			
	不予立案理由	当天早上9时20分许，执法队员赶至现场与该公司负责人张××取得联系，根据张××提供的相关证明和图纸，发现该公司已事先取得规划许可，属合法建设。			
承办人处理意见	建议不予立案。 签名：管×× 孙×× 2016年9月6日			承办机构审核意见	同意不予立案。 签名：黄×× 2016年9月6日
领导审批意见	同意不予立案。 签名：××× 2016年9月6日				

五、不予立案的告知

投诉、举报是法律赋予公民的权利。该权利不仅包括公民依法作为的权利，还包括公民依法获知其行为结果的权利。对于立案的，考虑到行政效率和行政成本问题，不必单行告知，只要在行政处罚决定做出时告知结果即可。而对于不予立案的，则需在作出不予立案决定后7日内告知具名的投诉人、举报人。一般来讲，当事人要求有书面答复的，应予书面告知；无此要求的，可以口头告知。

六、《案件移送函》文书样式

××市综合行政执法局案件移送函

×综执罚移送字〔201×〕第×号

××市××公安局：

本机关于2017年7月30日对陈××在××市高新技术产业园区内环路×号涉嫌擅自挖掘城市道路一案立案调查，在调查中发现，当事人陈××存在盗窃电缆的嫌疑，涉嫌构成犯罪，此案超出本机关管辖范围。

依照《行政机关移送涉嫌犯罪案件的规定》第三条规定，现将该案移送你单位处理。

附：

案件有关材料11件：

（1）立案审批表1份1页
（2）现场检查（勘验）笔录4份4页
（3）现场照片（图片）证据6份6页
（4）责令限期改正通知书1份1页
（5）责令停止违法行为通知书1份1页
（6）调查询问通知书2份2页
（7）调查询问笔录2份4页
（8）当事人身份证明1份1页
（9）证人身份证明1份1页
（10）案件调查终结报告1份1页
（11）案发地现场方位示意图1份

××市综合行政执法局（印章）
2017年12月××日

联系人：冯×　电话：1880676××××
本文书一式两份，移送案件接收单位一份，本机关存档一份。

行政处罚案件移送函回执

××市综合行政执法局：

你局移送的×综执罚移送字［201×］第×号《××市综合行政执法局案件移送函》及所附的全部案件材料（11件共23页）已收到。

收件人签字：

（受移送机关印章）
年 月 日

七、《不予立案通知书》文书样式

××市综合行政执法局
不予立案通知书

×综执不立字［2016］第×号

×××：

你（单位）于2016年11月1日早上向我局反映××市××区××街道××路××号××装饰有限公司违法搭建围墙。经我局初步调查，发现该处已取得相关手续，属合法建设，决定不予立案。

特此通知。

如对本不予立案决定不服的，可在接到本通知书之日起六十日内向××市人民政府申请行政复议；也可在接到本通知书之日起六个月内直接向××市××区人民法院提起行政诉讼。

××市综合行政执法局（印章）
年 月 日

第三章　简易程序（当场处罚）

第一节　适用简易程序的法律依据

简易程序又称当场处罚程序，是相对于一般程序而言的，适用于一些法律责任相对较轻，情节简单，因果关系明确的违反行政管理的行为，能当场作出处罚决定是其显著特点。

《中华人民共和国行政处罚法》（以下简称《行政处罚法》）有专门的篇章对其进行规定，具体在该法第五章第一节，规定了该程序的适用条件、范围、程序、要求等内容：

  第三十三条　违法事实确凿并有法定依据，对公民处以五十元以下、对法人或者其他组织处以一千元以下罚款或者警告的行政处罚的，可以当场作出行政处罚决定。当事人应当依照本法第四十六条、第四十七条、第四十八条的规定履行行政处罚决定。

  第三十四条　执法人员当场作出行政处罚决定的，应当向当事人出示执法身份证件，填写预定格式、编有号码的行政处罚决定书。行政处罚决定书应当当场交付当事人。

  前款规定的行政处罚决定书应当载明当事人的违法行为、行政处罚依据、罚款数额、时间、地点以及行政机关名称，并由执法人员签名或者盖章。

  执法人员当场作出的行政处罚决定，必须报所属行政机关备案。

第三十五条 当事人对当场作出的行政处罚决定不服的,可以依法申请行政复议或者提起行政诉讼。

第二节 适用简易程序的条件

适用简易程序进行行政处罚,除了要具备违法事实清楚,证据确凿,情节简单,因果关系明确等条件以外,在处罚数额上也有要求,概括起来,适用简易程序进行处罚,应当具备以下三个条件:

(1) 违法事实清楚,证据确凿。换言之就是有确实、充分的证据表明有违法事实存在,且确实是当事人所为。

(2) 对该违法行为处以行政处罚有明确具体的法定依据。

(3) 处罚较为轻微,即《行政处罚法》第 33 条的规定:"对公民处以五十元以下、对法人或者其他组织处以一千元以下罚款或者警告的行政处罚的"。

第三节 适用简易程序案件的执法程序及相关要求

适用简易程序案件的执法程序及相关要求如下:

(1) 出示执法证件,表明执法人员身份。

(2) 做好现场检查笔录并拍照取证。

(3) 告知作出行政处罚决定的事实、理由和依据,并告知当事人依法享有的申请行政复议权和诉权。

(4) 听取当事人的陈述和申辩。

(5) 填写预定格式、编有号码的行政处罚决定书,该决定书应当写明当事人违法事实、行政处罚的依据、罚款数额、时间、地点及行政机关名称,并由执法人员签名或盖章。

(6) 行政处罚决定书当场交付当事人。

需要特别注意的是，在实施简易程序处罚时要避免单人执法，虽然"行政机关在调查或者检查时，执法人员不得少于两人"的规定是在《行政处罚法》中一般程序的篇章中规定，但有些被处罚人对于行政处罚决定不服，对适用简易程序收集的证据有异议，而只有1名执法人员说服力比较弱，为避免这种争执，由两名执法人员实施该程序更为妥当。

同时为了让简易程序作出的处罚决定所依据的违法事实更加清楚、证据更加确凿，执法人员必须做好现场笔录和拍照取证工作，并当场听取当事人陈述与申辩，对其合理的意见予以采纳，对不予采纳意见说明理由，不能因为当事人的申辩而加重处罚。

《简易程序处罚决定书》是有着预定格式并带有编号、盖有行政机关印章的法律文书，在该文书中除了要写明当事人违法事实行为、行政处罚的依据、罚款数额、时间、地点外，还应当告知当事人对该当场处罚行为不服的救济途径，并由两名执法人员签名或盖章。

执法人员应将《简易程序处罚决定书》当场交付当事人，由当事人在处罚决定书上签名或盖章、按指纹并注明签收日期。

《简易程序处罚决定书》文书样式如下：

××市综合行政执法局
简易程序处罚决定书

编号：0000××

当事人名称或姓名：张××　性别：男　身份证号：332603×××
×××070311

法定代表人或负责人姓名：＿＿＿＿＿＿　职务：＿＿＿＿＿＿

地址：＿＿＿＿＿

你（单位）于 2017 年 6 月 1 日 12 时 10 分，在××市××公园东大门口因擅自占用人行道兜售物品的行为，违反了《浙江省城市市容和环境卫生管理条例》第十七条第一款的规定，事实确凿。本机关执法人员当场向你（你们）告知了违法事实、依据和陈述权、申辩权。现依据《浙江省城市市容和环境卫生管理条例》第十七条第五款之规定，本机关决定对你（单位）处以下行政处罚：

　　□1. 警告；☑2. 罚款人民币零千零百伍拾零元整（大写）。￥：50

　　缴纳罚款方式：□（1）当场收缴。☑（2）要求你（单位）自收到本决定书之日起 15 日内将罚款交至××银行市府大道支行（市府大道 699 号）。账户：××市财政局，账号：5100127805000028018001。逾期缴纳罚款的，依据《中华人民共和国行政处罚法》第五十一条第（一）项的规定，每日按罚款数额的 3% 加处罚款。

　　如不服本行政处罚决定，可以自收到本决定书之日起 60 日内向××市人民政府申请行政复议；或者在 6 个月内直接向××区人民法院提起行政诉讼。逾期不申请复议、不起诉、又不履行行政处罚决定的，本机关将申请人民法院强制执行。

　　执法人员签名及执法证号：李×× （执法证号×××）、王×× （执法证号×××）

××市综合行政执法局（印章）
2017 年 6 月 1 日

第四节　罚款的缴付

　　当场作出处罚决定并不意味着能当场收缴罚款，两者之间既有联系又有区别，当场处罚程序属于行政处罚程序，而当场收缴罚款是行政处罚执行程序中的一种罚款缴纳方式。为防止在行政执法领域出现违法和腐败现象，我国相关法律、法规规定实行罚款决定与罚款收缴分离制度，把当场收缴罚款作为一种例外。

《行政处罚法》对当场收缴罚款的适用情形作了严格规定，主要有以下三种情形：

（1）当场处罚，且给予20元以下罚款的。这样规定的目的，主要是因为20元以下的罚款数额对当事人影响较小，如果要求当事人去银行缴纳，不仅对当事人来说成本较高，而且增加了行政处罚程序的复杂性，同时也会增加银行的压力。

（2）当场处罚，且不当场收缴事后难以执行的。这主要是出于当事人流动性较强等原因，如不当场收缴，事后难以执行。

（3）在边远、水上、交通不便地区，当事人向指定的银行缴纳罚款确有困难，且经当事人提出。从执法现实考虑，当事人在上述地区很难在规定的期限内到银行去缴纳罚款，因此，不管是适用简易程序还是一般程序作出的罚款决定，只要符合上述条件，行政机关及其执法人员都可以当场收缴罚款。

向当事人收缴罚款必须当场开具省级财政部门印制的统一票据。执法人员当场收缴的罚款，应当自收缴之日起二日内交至所属行政机关；在水上当场收缴的罚款，应当自抵岸之日起二日内交至行政机关；行政机关应当自收到执法人员交来的罚款之日起二日内将罚款足额缴付指定银行。

总而言之，当场处罚适用简易程序，当场收缴不限于简易程序，亦包括一般程序，但要具备法定条件才能采用。罚款以当事人自行缴纳为原则，以行政机关当场收缴为例外。

第五节　两类适用简易程序处理的常见案件

一、法律依据

对人行道上违法停车行为，《中华人民共和国道路交通安全法》第93条规定："机动车驾驶人不在现场或者虽在现场但拒绝立即驶离，妨碍其他车辆、行人通行的,处二十元以上二百元以下罚款。"该法第107条同时规定:"对道路交通违法行为人予以警告、二百元以下罚款,交通警察可以当场作出处罚决定,并出具行政处罚决定书。"

根据《浙江省城市管理相对集中行政处罚权条例》及相关职能划转文件,综合行政执法部门行使公安交通管理职权对人行道上违法停车行为实施行政处罚,对该类违法行为《浙江省实施〈中华人民共和国道路交通安全法〉办法》规定的罚款数额是150元,适用的程序也是简易程序,因为《行政处罚法》是一般法,《道路交通安全法》是处理道路交通安全领域的特别法,当两者适用不一致时,应按照"特别法优于一般法"的适用规则。

对人行道违法停车执法工作依据为《道路交通安全法》《浙江省实施〈中华人民共和国道路交通安全法〉办法》《道路交通安全违法行为处理程序规定》等有关法律、法规、规章的规定。

二、人行道上违法停车行为实施分类处置

1. 驾驶员在现场的,执法人员向其指出违法行为,并予以口头警告,责令其立即驶离。

2. 驾驶员虽在现场但拒绝立即驶离的,在掌握能证明违法事实存在,且当事人拒绝立即驶离的确凿证据后,可以适用简易程序,当场作出处罚决定。

3. 对违法行为人当场处以罚款处罚的,应当遵循下列程序:

(1) 口头告知其违法行为的基本事实,拟作出的行政处罚、依据以及其依法享有的权利;

(2) 听取违法行为人的陈述和申辩,违法行为人提出的事实、理由或证据成立的,应当采纳;

(3) 制作《简易程序处罚决定书》;

(4) 由被处罚人在《简易程序处罚决定书》上签名,执法人员签名或盖章,当事人拒绝签名的,执法人员应当在决定书上注明;

(5) 将《简易程序处罚决定书》当场交付给被处罚人,被处罚人拒收的,执法人员应当在决定书上注明,并对现场送达情况拍照取证,即为送达。

整个执法过程,执法人员应当佩戴执法记录仪,全程进行录音录像。

4. 驾驶人不在现场的,执法人员按下列规定处理:

(1) 开具《违法停车告知单》。记录违法事实的时间、地点和机动车的车号及其停放的位置等相关事项。将填写完整的《违法停车告知单》贴于违法停放车辆左前车门玻璃上(驾驶员上车门),《违法停车告知单》的内容不得涂改。

(2) 拍照取证。取证的照片至少三张。一张为概貌照,照片必须有明显参照物表明违法停车的具体位置,并要显示机动车的号牌、车辆的类型和停车泊位线;另一张为重点部位照,以大约45度的角度从车辆正面朝车辆驾驶室位置拍摄,要求能反映出当时驾驶室无人的情况和粘贴《违法停车告知单》后的机动车状态,同时照片内要反映车辆牌照和大致的停车情况(车辆正面确实无法拍摄的,可以拍摄车辆尾部,但要有车牌号、告知单和明显参照物,并附上证明车内无人的照片);第三张是细目照,主要是反映告知单上的内容。要注意这张照片必须在告知单贴到违法车辆上以后才能进行拍摄。

涉及违法停车的机动车车主或者驾驶人携带《违法停车告知单》、驾驶证、行驶证原件到指定窗口接受处理,执法人员应当口头告知其违法行为的基本事实、拟作出的行政处罚、依据以及其依法享有的权利,听取当事人的陈述和申辩,若当事人提出的事实、理由或证据成立,应当予以采纳;应当处罚的,制作简易程序处罚决定书,该决定书上有执法人员签名或盖章并印有执法机关公章。当事人在处罚决定书上签名后,将处罚决定书交付当事人。

三、对不按规定临时停车的处理

在城市管理日常工作中,还会遇到一个比较常见的违法现象,就是在人行道上临时停车影响其他车辆和行人通行。该类违法情形十分普遍,但持续时间往往较短,不易收集证据。同时,由于一般群众往往认为自己"只不过停一下就走",主观上有抵制的心态,导致在执法的过程中容易产生纠纷和冲突。因此,针对该类违法行为,应当着重做好以下几点:

(1) 严格执行执法全过程记录规定,树立证据意识,全程录音录像,并第一时间固定现场证据。

（2）劝说在前，处罚在后。执法并不是以处罚为目的，如果经过现场劝说能帮助当事人改正，就既能达到社会管理的效果，又能避免与当事人的正面对立。所以在实际工作中一定要注意方式方法，切忌冰冷执法、惩罚式执法。

（3）执法有理有据，消除当事人的抵制心理。根据《浙江省实施〈中华人民共和国道路交通安全法〉办法》第74条之规定："机动车驾驶人有下列情形之一的，处五十元罚款，属于机动车所有人或者管理人责任的，处罚所有人或者管理人：……（六）不按规定临时停车影响其他车辆和行人通行的……"因此，该类行为虽然轻微，但依法也可以进行处罚。

四、对非机动车违法停放的处理

根据《道路交通安全法》第59条的规定："非机动车应当在规定地点停放。未设停放地点的，非机动车停放不得妨碍其他车辆和行人通行。"因此，对于日常执法过程中发现的一些非机动车在城市道路上随意摆放，或者不在划有专用非机动车停车泊位的位置上停放等违法行为，可以依据该条对其进行查处。

同时，该法第89条规定："行人、乘车人、非机动车驾驶人违反道路交通安全法律、法规关于道路通行规定的，处警告或者五元以上五十元以下罚款；非机动车驾驶人拒绝接受罚款处罚的，可以扣留其非机动车。"本条规定了非机动车不按规定地点停放的法律后果，包括三方面的内容：警告、罚款以及可以采取暂扣非机动车的行政强制措施。

根据《行政处罚法》《道路交通安全法》《道路交通安全法实施条例》等相关法律、法规的规定，对上述行为的查处应当遵循以下程序：受案→收集证据→告知→听取违法行为人陈述和申辩→决定→送达。

下面就每个程序环节的内容作简要阐述：

（1）受案：通过举报、巡逻发现本辖区交通违法行为。

（2）收集证据：收集违法行为人违法事实及情节的证据，应当根据执法全过程记录要求，全程开启执法记录仪对整个执法过程进行记录。

（3）告知：告知违法行为人拟作出行政处罚决定的事实、理由和依据，并告知违法行为人依法享有的权利。

(4) 听取违法行为人陈述和申辩：充分听取违法行为人的陈述和申辩。违法行为人提出的事实、理由或者证据成立的，应当采纳。

(5) 决定：作出处罚决定，制作《行政处罚决定书》，载明被处罚人的基本情况、车辆牌号、车辆类型、违法事实和证据、处罚的依据、处罚的内容、履行方式、期限、处罚机关名称及被处罚人依法享有的行政复议、行政诉讼权利等内容。

(6) 送达：《行政处罚决定书》应当当场交付被处罚人；被处罚人拒收的，由执法人员在《行政处罚决定书》上注明，并拍照取证，即为送达。

对非机动车驾驶人的罚款收缴，根据《道路交通安全法》第108条的规定，"当事人无异议的，可以当场予以收缴罚款"，这也是依据"特别法优于一般法"的原则，对《行政处罚法》第47、48条的突破适用。

如果非机动车驾驶人拒绝接受罚款处罚的，可以扣留其非机动车，转入一般程序处罚。对其非机动车的查扣，应当依据《行政强制法》的有关规定执行，具体步骤下面章节将有详细介绍，这里不再赘述。

(7)《违法停车告知单》样式。

违法停车告知单

No 111××

浙J100××号车辆驾驶人（所有人或保管人）：

经巡查发现，您于2017年7月1日14时15分在××市××区××路××号门口人行道上不按规定停放车辆，违反了《中华人民共和国道路交通安全法》第五十六条规定，该违法行为已经被拍摄。请你在接到此《违法停车告知单》3日后15日内携带本告知单、车辆行驶证和驾驶证（身份证）原件到××市车辆管理所4号楼1楼四大队处理违章中心行政执法窗口接受处理。

联系地址：××市××区机场北路451号

处理咨询电话：0576—88518×××　投诉电话：12345

××市综合行政执法局（印章）

年　月　日

注：根据《机动车登记规定》（公安部令第102号）第40条第2款有关规定，申请检验合格标志前，机动车所有人应当将涉及该车的道路交通安全违法行为和交通事故处理完毕。

建议携带银联卡接受处理。

第四章　案件调查

第一节　调查取证

一、调查取证的概念

调查取证是城市管理综合执法部门为查明案件事实真相，还原违法行为发生过程，找有关单位、知情人了解情况或收集证据的一系统活动。

二、调查取证的要求

应当合法、全面、客观、及时地调查、收集证据材料，并予以审查、核实。

1. 合法

（1）主体合法

城市管理综合执法部门开展调查取证时，应当指派两名以上具有执法资格的执法人员进行。

（2）程序合法

收集证据必须按法定程序进行。调查人员应主动出示执法证件，向被调查人说明情况，争取对方主动配合，注意提供证据的单位和个人的合法有效性，并注意以下几点：

① 询问证人时应个别进行；

② 书面证言应经证人核对确认；

③ 询问聋、哑人，应提供通晓聋、哑手势的人员进行协助；

④ 询问不通晓当地通用语言、文字的证人，应提供翻译人员。

（3）手段合法

调查取证时，应当依法保护公民、法人和其他组织的合法权益，严禁以利诱、欺诈、胁迫、暴力等不正当手段或以偷拍、偷录、窃听等侵害他人合法权益的手段获取证据材料。

2. 全面

（1）全面调查、收集能够证实当事人是否违法，有无法定从重、从轻、减轻情节以及不予行政处罚的证据。既要收集对相对人不利的证据材料，也要收集对相对人有利的证据材料。

（2）既要收集直接证据，又要收集间接证据。

3. 客观

（1）要尊重客观事实，从案件的实际情况出发，实事求是地调查取证。

（2）收集证据材料不能先入为主，主观臆断，证人一些猜测性、评论性、推断性的证言，不能作为证据使用，但根据一般生活经验判断符合事实的除外。

4. 及时

案件发生后，行政执法办案人员要尽快赶赴现场，迅速、及时、深入、细致地收集证据，防止情况发生变化，对相关的物品和资料要及时予以先行登记保存或扣押，以防出现相关证据灭失或以后难以取得的情况发生。

比如抛洒滴漏等市容类案件，不及时固定证据的话现场情况很容易灭失。因此，执法人员在发现违法行为时要第一时间赶到现场，对违法现场情况进行拍照（或摄像），对相关证据进行固定，对现场目击者如有条件的应现场予以取证，如现场不能直接取证应记录下证人的联系方式，邀请其到城市管理综合执法部门制作笔录或者到证人的所在单位、住处进行取证。

三、需要调查的案件事实

需要调查的案件事实包括：

（1）当事人的基本情况：包括自然人姓名、性别、出生日期、家庭住址、工作单位、身份证号码，法人营业执照、法人证书、地址等。

（2）违法行为是否存在。

违法行为是否存在是城市管理综合执法部门案件初查的主要内容之一，也是能否立案的主要依据。比如有人举报辖区某厂区内存在违法建设，经调查该厂区内的建筑全部经规划审批，则该违法事实不存在，应不予立案。

（3）违法行为是否为当事人实施或组织、委托他人实施。

如违法建设案件基本上是当事人组织或委托他人实施的。

（4）时间、地点、人员、动机、手段、过程、结果、目的、危害程度，所涉及违法物品（包括建筑物等）的名称、数量、有无牟利等。

查明时间、地点是案件调查的必要条件，也是为了判定该违法行为是否在追诉期内，是否属于本单位管辖。

（5）当事人有无法定从重、从轻、减轻以及不予行政处罚的情形。

比如执法队员在巡查过程中发现了商贩有沿街兜售物品、占道经营等违法行为，巡查队员要进行劝阻、制止，当事人及时改正，则可视为从轻、减轻以及不予行政处罚情节。

（6）与案件有关的其他事实。

第二节　违法行为构成要件

一、违法行为的概念

违法行为，亦称违法，是指有社会危害性的、有过错的不合法行为。不履行法定义务，违反法律的禁止性规定，滥用权力等，都可以构成违法。

二、违法行为构成要件

（一）违法行为的主体

违法行为的主体必须是达到法定责任年龄、具有法定责任能力、实施了违反国家法律法规行为的自然人、法人或其他社会组织。

1. 达到法定责任年龄

（1）已满 18 周岁为负有完全违法责任的年龄段。

（2）已满 14 周岁不满 18 周岁为负有不完全（减轻）违法责任的年龄段。

（3）不满 14 周岁为完全不负（免除）违法责任的年龄段。

2. 具有法定的责任能力

责任能力主要是指违法行为人能够辨认或者控制自己的行为，从而对自己所实施的违法行为承担法律责任的能力。主要取决于以下几个因素：

（1）精神状态要素。

行为人虽然达到法定责任年龄，但由于实施违法行为时的精神状态处于不能辨认或控制自己行为的情形之中，行为人被视为无责任能力。

如间歇性精神病患者在发病期间实施了违法行为，应视为无责任能力，不应承担法律责任，但对公私财物造成一定损失，应予以民事赔偿。

（2）特定的生理要素。

如行为人受某些生理缺陷因素的制约与影响，对自己行为不能辨认或控制的，不应承担法律责任。

（二）违法行为的客体

它是指由国家法律法规所保护的，而被违法行为所侵犯的社会关系。

确定了违法行为的客体，在很大程度上就能确定该行为违反什么法律法规及它的危害程度。

（三）违法行为的主观方面

它是指违法主体所实施的违法行为及其危害后果所具有的故意或过失的心理状态。故意是指明知自己行为的社会危害性而希望或放任其发生的主观心理状态。凡故意违反行政法律规范的，都应当依法承担行政责任。过失则是指应当预见自己行为的社会危害性，由于疏忽大意没有预见或虽然预见但轻信能够避免的主观心理状态。过失违反行政法律规范，并且造成危害后果的，也应当依法承担行政责任。比如，泥浆运输车司机由于疏忽大意没有关紧阀门，导致泥浆抛洒滴漏，造成一定危害后果，应当依法承担行政责任。

故意和过失是行政违法主体承担行政责任的主观要件。所以，如果行为在客观上违反了行政法律规范，但不是出于故意和过失，而是不可抗拒或不能预见的原因引起的（如紧急避险行为），不能认为是行政违法而追究行政责任。

（四）违法行为的客观方面

它是指行为人违反法律规定的行为和由这种行为所引起的后果。行为是违法客观要件最重要的内容。行为包括积极的作为和消极的不作为。作为违法客观要件的行为必须具有一定社会危害性。但行为具有社会危害性并不意味着必然产生一定的危害结果，危害结果只是某些行政违法（如过失违法）必须具备的要件。违法的确定并不取决于其是否具有直接的危害结果，而只要有违反行政法律规范的过错行为。

比如室外公共场所无照经营行为，并未产生危害后果，但是存在违反行政法律规范的过错行为，应当依法承担行政责任。

第三节 回 避

回避是诉讼法及公务员法等相关法律中规定的程序性要求。在各类案件的办理中，回避是否落实到位，影响着公平、正义。就个案而言，该回避时不回避，侵害的是当事人一方的利益，然而就整个社会而言，还影响着政府的公信力。综合行政执法阳光下执法管理的客观特点，更是决定了执法单位、执法人员必须根据案件的客观实际落实回避制度。

一、回避的概念

回避是指为维护公正、公开行政处罚原则，防止执法单位、执法人员等滥用职权或发生偏见，在办理整个行政案件过程中，与案件本身或案件当事人有利害关系的单位负责人、办案人员、翻译人员、鉴定人、公证员、书记员等，不得参加本案处理工作的一项制度。狭义上它仅指行政处罚或行政强制措施、行政强制执行等相关人员在法定的整个程序中应当实行回避；广义上，回避的情况还应包括综合行政执法人员对管理对象及邻里纠纷的行政调解等行政执法人员参与的可能因执法管理不公而侵害他人、集体及国家利益的各种情形。

二、回避的范围

回避的范围包括办案单位负责人、询问人员、勘查人员、检查人员、鉴定人员、翻译人员等与本案存在如下关系的：

（1）是本案的当事人或者当事人近亲属的。一般指三代以内近亲属，即与办案人员有夫妻、直系血亲、三代以内旁系血亲及近姻亲关系的亲属。三代以内旁系血亲是指具有间接血缘关系的亲属，即非直系血亲而在血缘上和自己同出一源的亲属，包括伯叔舅姨、堂兄弟姐妹、表兄弟姐妹、侄子女、甥子女；近姻亲包括配偶的父母、配偶的兄弟姐妹及其配偶、子女的配偶及子女配偶的父母、三代以内旁系血亲的配偶。

（2）本人或者其近亲属与本案有利害关系的。

（3）接受当事人及其委托的人的请客送礼或其他利益输送的。

（4）与本案当事人有其他关系，可能影响案件公正处理的。

需要注意的是，根据"证人优先"规则，证人不需要回避。相反，对很多当事人不配合的案件，相关知情人甚至协管队员、执法人员应当积极作证，使案件得以顺利办结。

三、回避的形式

（1）自行提出回避申请，办案人员自己说明理由。办案人员在执法办案过程中发现有可能影响案件公正处理的，应当主动逐级向领导提出回避。

（2）案件当事人及其法定代理人有权要求他们回避，应当提出申请，并说明理由。口头提出申请的，行政机关应当记录在案。

（3）指令回避。行政机关负责人认为办案人员需要回避的，可以指令回避。实践中，出于对队员的了解程度不同，如中队领导获悉下面队员与所办的案件当事人有一定的关系，并非一定要由行政机关负责人指令，中队或大队层面的领导也可直接提出回避。

（4）在行政案件调查过程中，鉴定人和翻译人员需要回避的，程序同上。鉴定人、翻译人员的回避，由指派或者聘请的行政机关决定。

在行政机关作出回避决定前,办案人员不得停止对行政案件的调查。办案人员自己提出回避或当事人提出回避,并不必然有回避的结果,要经过一定的程序后才能作出是否回避的决定。作出回避决定后,行政机关负责人、办案人员不得再参与该行政案件的调查和审核、审批工作。被决定回避的行政机关负责人、办案人员、鉴定人、公证员、书记员和翻译人员等,在回避决定做出前所进行的与案件有关的活动是否有效,由作出回避决定的行政机关根据案件情况决定。

四、回避的程序

办案人员的回避,应当逐级向领导请示,最后由其所属的行政机关决定:

(1) 一般队员的回避由中队领导决定;
(2) 中队领导的回避由分管局领导决定;
(3) 单位副职的回避由单位主要领导决定;
(4) 单位主要领导的回避,由单位党组集体讨论决定。

五、回避申请的格式

回避一般情况应当以书面形式作出决定,对于案件当事人或法定代理人提出申请的,不会书写的,可以要求办案单位按照当事人意见予以代写。书写不一定拘泥某一固定格式,但一般应当有三部分:一是首部,注明文书名称,申请人和被申请人基本情况,当然自行回避与当事人提出回避文书名称略有不同,当事人提出的一般可以是《关于申请执法员某某回避的申请》,而自行回避可以直接写《申请书》;二是正文,写明请求事项及理由,此处应当详细说明,便于审核部门及上级领导有据可循;三是尾部,写上申请人、申请时间。

第四节 证 据

一、证据的基本概念

证据,是指城市管理综合执法部门在办理行政案件过程中依法调查、收集或者当事人提交给城市管理综合执法部门的用来证明案件事实的材料。

二、证据的特征

(一)证据的真实性

证据作为已发生的案件事实的客观遗留,是不以人的主观意志为转移的客观存在。真实性也叫作证据的客观性或者确实性。证据的真实性是指证据所反映的内容应当是真实的、客观存在的。

一切证据材料必须经过查证属实,才能作为定案的依据。

(二)证据的关联性

证据的关联性,又称相关性,是指证据必须与需要证明的案件事实具有一定的联系。证据与案件事实的联系形式很多,有因果联系、条件联系、时间联系、空间联系、必然联系和偶然联系等。其中,因果联系是最主要的联系。

如果证据材料与待证事实没有联系,说明该证据材料不具有关联性,不能作为定案的依据。

(三)证据的合法性

所谓证据的合法性,是指提供证据的主体、证据的形式和证据的收集程序或提取方法必须符合法律法规的有关规定。证据的合法性主要表现在以下几方面:

(1)证据必须是法定人员依照合法的程序和方法收集的。依法收集证据,是认定案件事实的重要保证。

(2)证据必须具备合法的形式。

(3)证据必须有合法的来源。如果证据的来源不合法,就不能用作定案的根据。通过违法侵犯他人的身体、住所或者函件等其他通讯方法所获得的证据不能采用。

三、证据的种类

（一）理论上的分类

1. 按照证据来源的不同，证据可以分为原始证据和派生证据。

（1）原始证据：是指证据本身来源于案件事实。原始证据有的是案件事实的组成部分，有的虽然不是案件事实的组成部分，但对案件事实的发生直接有所接触，即通常所说的"第一手材料"。

（2）派生证据：是从原始证据中派生出来的证据，即不是直接来自"第一手材料"，而是经过中间环节辗转得来的证据。

2. 按证据与待证事实之间的关系，证据可以分为直接证据和间接证据。

（1）直接证据：是指能直接证明案件主要事实的证据。

（2）间接证据：是指不能单独地直接证明案件主要事实，而必须同其他证据组合起来才能证明案件主要事实的证据。

（二）形式上的分类

1. 物证：凡是用物品的外部形状、物质属性、存在状况等能够证明部分或全部案件真实情况的一切物品或痕迹，是查明案件事实的重要手段。

作为物证的物品通常有：

（1）违法使用的工具。例如违法建设案件中的建筑工具。

（2）违法行为侵占的客体物品。例如擅自破坏绿化案件中的树木、花草。

（3）违法现场留下的物品。例如室外无照经营案件中摊贩乱丢弃的物品。

2. 书证：凡是用文字、符号在物体上表达人的思想，其内容能够证明部分或全部待证事实的证据。

书证的范围十分广泛，包括文字、符号、数字、图画、印章或其他具有表情达意功能的许多实物材料，诸如工作证、身份证、护照、营业执照、账册、票据、收据、合同等。

3. 视听资料：利用录像或录音工具反映出的形象或以电子设备储存的资料来证明一定事实的证据。

视听资料的特殊性在于：

（1）它表现为有一定科技成分的载体，例如录音、录像、电子磁盘等，需要通过一定设备才能感知或读取其中的内容。

（2）具有高度的直观性和动态连续性，使人一目了然。

4. 证人证言：案件当事人以外的了解有关案件情况的人就其所知道的案件情况向综合行政执法机关所作的陈述。

证人证言属于言辞证据的一种，与物证相比，具有生动、形象、具体、丰富的优点，但是由于受主观因素影响较大，容易含有虚假成分。

5. 当事人陈述：当事人向综合行政执法机关所作的关于案件真实情况的叙述。

6. 鉴定结论：鉴定人对所鉴定的问题，运用自己的专业知识，根据案件的事实材料，作出科学的、符合实际的分析，提出结论性的意见，称为鉴定结论。

鉴定结论主要有：

（1）物证类鉴定，包括文书鉴定、痕迹鉴定。

（2）声像资料鉴定。

7. 勘验笔录、现场笔录：行政执法人员为了查明案件事实，对与案件有关的现场或物品进行勘查检验，或者指定有关人员进行拍照、测量称为现场勘验，将勘验情况与结果制成笔录，称之为勘验笔录、现场笔录。

四、证据的收集、分析

（一）证据的收集

收集证据的基本方法是调查研究，收集证据的方式大致有以下六种：

（1）访问、座谈、进行谈话、制作笔录。

（2）复印、抄录资料。

（3）拍照。

（4）录音。

（5）鉴定。

（6）勘验。

（二）分析判断证据的方法

分析判断证据的具体办法，结合综合行政执法业务可概括为：甄别、比较、综合、取舍。

1. 甄别：是对所收集的证据，逐一地进行单个审查、辨别其真伪和确定其证明力的方法。

2. 比较：是对两个或两个以上具有可比性的证据加以辨别。区别异同，发现矛盾，而确定证明力的方法。

3. 综合：就是通过综合分析来分清证据现象与本质，透过现象找出它所反映的问题的本质，排除伪证。

4. 取舍：就是综合行政执法人员对全案证据进行全面的综合分析，形成对该案的基本看法后，把能反映案件客观事实的证据选出来加以组织，再根据组织起来的证据检验形成的观点是否正确、证据是否充分。

（三）在调查取证过程中，综合行政执法机关应当使用执法记录仪进行全过程记录

五、收集证据的注意事项

1. 书证尽可能收集调取原件。书证的提供人应当在书证原件的首页上注明"此件共几页，由某某提供"，并签名或盖章。如系单位提供的，加盖单位印章。综合行政执法人员应当在书证原件首页写明收到日期、页数，并签名。

2. 如取得原件确有困难的，可以收集、调取与原件核对无误的复制件、照片或者节录本。

收集书证原件的复制件、影印件或者抄录件的，应当在首页上注明"本复制件（影印件或者抄录件）共几页，与原件核对无误，原件存放于某某处"，并由制作人和书证持有人或持有单位有关人员签名或盖章。如系单位提供的，加盖单位印章。

3. 书证有更改或者更改迹象，书证提供人不能作出合理解释的，或者

书证的复制件、影印件、抄录件不能准确反映书证原件及其内容的，不能作为证据使用。

4. 收集报表、图纸、会计账册、技术资料等比较专业的书证，应当附相关说明材料。

5. 收集调取的物证应当是原物。如原物数量较多，可以收集调取其中的一部分，但应附上物证的照片或者录像。

6. 在原物不便搬运、不易保存或者依法应当由其他部门保管、处理时，应当拍摄能够反映原物外形、内容的照片、录像并注明"此照片（录像）拍摄于某某处，与原物核对无误，原物现存放于某某处"，由制作人和物证持有人（持有单位有关人员）签名或盖章。如系单位提供的，加盖单位印章。

7. 收集、调取的视听资料应当提供该资料的原始载体。如无法提供原始载体，可以收集复制件，附原始载体无法提供的说明，注明"此复制件复制（拷贝）于某某处，与原件核对无误，原件存放于某某处"，并由制作人和视听资料持有人或持有单位有关人员签名或盖章。如系单位提供的，加盖单位印章。

8. 声音资料应当附有该声音内容的文字记录。

9. 收集调取的电子数据，如能扣押电子数据原始存储介质的，应当扣押、封存原始存储介质，并制作现场笔录，记录原始存储介质的封存状态。

封存前后应当拍摄被封存原始存储介质的照片，清晰反映封存状况。

10. 在收集调取原始存储介质确有困难时，可以提取电子数据，并在现场笔录中注明无法扣押原始存储介质的原因、原始存储介质存放地点或者电子数据的来源等情况，并计算电子数据的完整性校验值。

11. 由于客观原因无法或者不宜以扣押、封存等方式收集、提取电子数据的，可以采取打印、拍照或者录像等方式固定相关证据，并在现场笔录中注明原因。

第五节　证据保全措施

一、现场检查

现场检查是城市管理综合执法部门查处违法行为，收集证据的重要手段。现场检查笔录在办案中能起到重要作用，其效力要远远高于案件当事人的陈述。

城市管理综合执法人员应遵循现场检查的基本要求，有效实施现场检查：

（1）城市管理综合执法人员进行现场检查时应当开具经城市管理综合执法部门负责人审批的现场检查证明文件。情况紧急，需要立即进行检查的，综合行政执法人员应当在检查后的2日内向城市管理综合执法部门负责人报告，并补办批准手续。

（2）城市管理综合执法人员对涉嫌违法的物品或者场所进行检查时，应当通知被检查人到场，并制作现场笔录，必要时可以采取拍照、录像等方式记录现场情况。

（3）被检查人拒绝签名或盖章的，应当在笔录上注明。如被检查人拒不到场、未及时到场或者无法找到被检查人的，为不影响检查的进行，应当邀请见证人到场，由检查人员和见证人在现场笔录上签名或者盖章。

（4）检查过程中提取证据、采集样品、进行拍摄、采取查封、扣押等情况应当如实记载。

二、抽样取证

抽样取证是从总体中取出部分的一种取证行为，其目的是通过对样品的分析判断来了解总体的情况，取出的部分证据应当具有代表性，有样品的性质，以保证统计推断的准确。

城市管理综合执法人员进行抽样取证时应遵循以下基本要求：

（1）抽样取证应当采取随机的方式，抽取样品的数量以能够认定本品的品质特征为限。

（2）城市管理综合执法人员对抽样取证的情况，应当制作抽样记录。对被抽取的样品加贴封条，开具物品清单，并由城市管理综合执法人员和当事人在封条和相关记录上签名或盖章。

（3）抽样取证时，应当对抽样取证的现场、被抽样物品及被抽取的样品进行拍照或者对抽样过程进行录像。

（4）对抽取的样品应当及时进行检验。经检验，能够作为证据使用的，应当依法采取扣押、先行登记保存等措施；不属于证据的或不能作为证据使用的，应当及时返还样品。

三、先行登记保存

先行登记保存，也被称作证据先行登记保存，其法律依据为《行政处罚法》第37条第2款规定："行政机关在收集证据时，可以采取抽样取证的方法；在证据可能灭失或者以后难以取得的情况下，经行政机关负责人批准，可以先行登记保存，并应当在七日内及时作出处理决定，在此期间，当事人或者有关人员不得销毁或者转移证据。"可见，先行登记保存并不是《行政强制法》第9条第1款第（五）项所指的"其他行政强制措施"，它本身就是《行政处罚法》单独设定的一种调查手段。

（一）先行登记保存的条件

适用证据先行登记保存必须符合下列条件：

1. 法定期间，即证据先行登记保存是行政执法人员履行了内部立案程序，在收集证据这一法定期间内采取的。

2. 法定情形，即证据先行登记保存是行政执法人员收集证据时在证据可能灭失或者以后难以取得的法定情形下采取的。

3. 法定权限，即批准采取证据先行登记保存的法定权限属于行政机关负责人，因此行政执法人员在采取证据先行登记保存之前，必须经行政机关负责人批准。

4. 法定时限，即行政机关实施证据先行登记保存的法定时限只有7日，必须在7日内作出没收、解除登记保存等处理决定。

5. 法定要求，即行政机关在证据先行登记保存期间，必须对登记保存的物品进行妥善保管，以保证物品的完整，当事人或者有关人员不得销毁或转移证据。

（二）先行登记保存的审批

按照《行政处罚法》第 37 条第 2 款规定，只有在证据可能灭失，或者以后难以取得的情况下，经行政机关负责人批准，才可进行先行登记保存。否则，其先行登记保存行为可能引起争议。经行政机关批准的形式法律未作规定，既可以是书面的，也可以是口头的。尤其是紧急情况下，如果让执法人员回机关再请示负责人书面批准，证据就可能已经灭失或者被转移。事先口头批准的，事后应及时补办书面批准手续。否则，事后难以举证对证据进行先行登记保存前是否经过了行政机关负责人的批准。

（三）执行先行登记保存的程序

证据先行登记保存要遵循证据收集的一般步骤：一是经行政机关负责人批准；二是执法人员应出示有效行政执法证件；三是送达证据保存通知书等相关执法文书；四是将保存的物品编号登记存放、妥善保管；五是 7 日内及时作出处理决定。上述步骤都要留下充足的证据，全程录像。

（四）《先行登记保存证据通知书》样式

先行登记保存证据通知书

____登存通字〔 〕第　号

_____：

因你（单位）涉嫌实施了_____的违法行为，根据《中华人民共和国行政处罚法》第三十七条第二款的规定，本机关决定对有关证据（详见《先行登记保存证据清单》第 号）予以先行登记保存。先行登记保存期限自____年__月__日至____年__月__日，有关证据存放于_____（地点），由_____（当事人本人或第三人）保管。当事人或有关人员不得损坏、销毁或转移证据。

附件：《先行登记保存证据清单》第　号

行政执法机关名称（印章）

年　月　日

制作要求及注意事项：

1. 本文书适用于行政执法机关在调查取证的过程中，对可能灭失或以后难以取得的证据采取先行登记保存措施的情形。

2. 在文中应注明先行登记保存证据的期限、地点，保存期限不得超过7日。

3. 采取就地保存的，由当事人负责保存，向当事人送达文书时应在证据物品上加贴行政执法机关的封条，告知有关情况及应遵守的义务。

4. 本文书一式三份，一份交被先行登记保存证据人，一份随先行登记保存证据物品备查，一份由承办机构留存。

（五）对先行登记保存证据的处理

先行登记保存措施的法定期限是7天，超过规定期限则先行登记保存措施自动解除。鉴于先行登记保存是一项时效性很强的证据保全措施，行政执法机关应当在先行登记保存措施的法定期限内对证据进行审查、判断，鉴别真伪，视情况及时作出处理决定，不能久拖不决。

参考一些地方做法和经验，对于先行登记保存的证据，应当在7日内采取以下措施：

（1）根据情况及时采取记录、复制、拍照、录像等证据保全措施；

（2）需要鉴定的，及时送交有关部门鉴定；

（3）违法事实成立，应当予以没收的，作出行政处罚决定，没收违法物品；

（4）根据有关法律、法规规定可以查封、扣押（包括封存、扣留，下同）的，决定查封、扣押；

（5）违法事实不成立，或者违法事实成立但依法不应当予以查封、扣押或者没收的，决定解除先行登记保存措施。

逾期未作出处理决定的，先行登记保存措施自动解除。

第六节 证据的审查与判断

一、认定案件事实的证据应当确实、充分

(1) 认定的违法事实要有证据证明;
(2) 认定违法事实的全部证据均经法定程序取得并查证属实;
(3) 对全案证据进行综合分析,对所认定违法事实已排除合理怀疑。

二、证据的合法性审查

(1) 证据是否符合法定形式;
(2) 证据的取得是否符合法律、法规、司法解释和规章的要求;
(3) 是否存在影响证据效力的其他情形。

三、证据的真实性审查

(1) 证据形成的原因;
(2) 发现、收集证据时的客观环境;
(3) 证据是否为原件、原物,如为复制件、复制品,与原件、原物是否相符;
(4) 提供证据的人或者单位与当事人有无利害关系;
(5) 影响证据真实性的其他因素。

四、证据的关联性审查

(1) 证据与案件事实的哪一个情节相关联而起到了证明作用;
(2) 证据之间是否互相印证,相互补充,表现是否一致,有无矛盾;
(3) 全案证据是否形成有效的证据链。

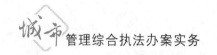

五、以下证据不能作为认定案件事实的根据

（1）违反法定程序收集的，可能影响执法公正且不能补正或者无法作出合理解释的物证、书证；

（2）以利诱、欺诈、胁迫、暴力等不正当手段收集的证据材料；

（3）以偷拍、偷录、窃听等侵害他人合法权益的手段获取的证据材料；

（4）相关人员不予认可且没有其他证据印证的证据材料；

（5）被当事人或者他人进行处理或毁损而无法辨明真伪的证据材料；

（6）不能正确表达意志的证人提供的证言；

（7）在中华人民共和国领域以外形成的且未办理法定证明手续的证据材料；

（8）不具备合法性、真实性和关联性的其他证据材料。

第七节 证 据 链

一、证据链的概念

证据链是指一系列客观事实与物件所形成的能够证明案件事实的证明链条。

城市管理综合执法人员在执法办案过程中需广泛收集证据，当所收集的证人证言、书证、物证等相关证据有秩序地衔接组合出违法人员违法行为的主要环节，形成一个不相矛盾、能够相互印证、相互补充且能够证明案件事实的证据组合，能够完整地证明违法过程，且得出的结论是唯一的，方可判定该行为是否违法并采取必要的行政处罚。

二、证据链的构成

证据链的构成至少包括以下三个要求：有适格的证据；证据能够证明

案件的证明对象；证据之间能够相互印证，相互补充，对案件事实排除了合理怀疑。

（一）证据链中的证据必须适格

所谓适格就是要求证据必须具有可采性。可采性要求证据必须满足以下要求：

1. 证据与案件事实必须具有关联性。证据同案件事实必须存在某种联系，并对证明案情具有实际意义。

2. 证据没有法律所禁止的情形，包括法律所禁止的证据形式和取证方式。

（二）所形成的证据链能够证明案件的证明对象

证明对象作为证明的最初环节，指的是证明活动中需要用证据加以证明的案件事实，它包括：

1. 违法事实，包括违法客体、违法主体、违法的客观方面、违法的主观方面。

2. 有无从重、从轻、减轻以及不予行政处罚的有关调查情节事实。

3. 排除行为违法性、可罚性和行为人行政责任的事实。

（三）证据链之中的证据必须能够相互印证，排除合理怀疑

1. 证据相互印证就是在运用证据查明案件事实的过程中，为了判断证据的真伪以及证明力的大小，将某一证据与案件其他证据进行比对，分析证据之间的协调性、一致性，进而证明案件事实的活动。

2. 城市管理综合执法部门认定案件事实时，必须注重证据之间的相互印证，相互补充，全案证据之间不能有矛盾，应一致性地证明案件事实。

3. 言词证据证明力较低，且具有反复性的特点，需要有其他证据予以印证。

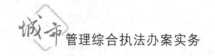

第八节 调查询问

一、询问（调查）笔录

（一）基本概念

询问（调查）笔录是城市管理综合执法部门为了查清案情，对当事人和其他相关人员进行询问、调查而制作的有关询问、调查情况和内容的书面记录。

（二）准备工作

1. 制作询问（调查）笔录时，城市管理综合执法部门应当指派两名以上具备执法资格的执法人员进行。

2. 在开展询问调查之前，询问人员和记录人员都要做好充分准备，认真熟悉已掌握的案件基本情况，必要时拟订询问调查提纲，明确询问方向，提纲应尽可能全面具体，逻辑性要强，同时要抓住案件关键环节，突出案件基本事实和基本特征，必要时针对案件几个关键点重复提问，以便让记录人员记录清楚。在询问过程中询问人员要占据主导地位，把握节奏，随时准备获取证据。

3. 一个案件如果有数个当事人或证人，应当及时分别进行询问，防止相互串供。

（三）注意事项

1. 询问当事人时，应当听取当事人的陈述、申辩。对当事人提出的事实、理由、证据应当进行复核，并制作笔录。

2. 询问未成年人时，应当通知其父母或者其他监护人到场，其父母或者其他监护人不能到场的，也可以通知未成年人的其他成年亲属，所在学校、单位、居住地基层组织或者未成年人保护组织的代表到场，并将有关情况记录在案。确实无法通知或者通知后未到场的，应当在询问笔录中注明。

3. 询问重大、复杂、疑难案件当事人，在文字记录的同时，可以根据需要全程录音、录像,并保持录音、录像资料的完整性。

(四) 当事人询问笔录的制作要领

1. 询问人员、记录人员要向被询问调查人员出示证件,表明身份,同时还要向被询问调查人员告知如实接受询问和调查的法律义务,以及隐匿违法行为的法律后果,要求他们如实提供相关情况。

2. 首次询问当事人时,应当问明当事人的姓名、出生日期、从事职业、户籍所在地、身份证件种类及号码、是否受过行政处罚等情况,告知当事人有申请行政执法人员回避的权利,并且要对当事人实际居住地址进行确认。

3. 询问当事人时,要掌握违法行为实施的时间、地点、人员、动机、手段、过程、结果、目的、危害程度,所涉及违法物品(包括建筑物等)的名称、数量、有无牟利等案件基本情况。

4. 要把握好提问的时机,要审时度势,提问方式不能拘泥于形式而一成不变,要因人而异,因事而异,因时而异。

5. 要注意对案件知情人、证人的保护,不能轻易让案件知情人、证人当面跟当事人对质。

6. 询问要与其他调查工作相结合,边询问、边调查,互相印证,互相补充,互相推动,不能仅仅依靠询问的材料定案。

7. 询问时要切实保障当事人的申辩权利,要听取当事人的陈述、申辩并如实记录。对当事人提出的事实、理由、证据应当进行复核。

8. 询问笔录要当场记录,不得事后追记和补缺。笔录要字迹清楚,记载准确又全面,文字尽量简洁明了。

9. 笔录制作时要尽可能记录被调查人员的原话,对于方言土语和含义不清的词句,应要求被调查人员进行解释并如实记录(不能由记录人或询问人自行进行解释),询问不懂中文的当事人要记明有无翻译参加。被询问人对提问不作回答或回答吞吞吐吐、避重就轻等都要如实记录在案。

10. 询问完毕,笔录应交当事人核对,当事人没有阅读能力的,要向其宣读。如笔录有遗漏或者差错,应允许当事人提出补充或改正,笔录核对无误后,应签注"以上笔录我已看过,与我说的相符"(或"以上笔录已向我宣读过，与我说的相符"），当事人应当逐页签名、捺指印（包括更改、补充处），办案人员也应在笔录上签名。拒绝签名、捺指印的，城市管理综合执法人员应当在询问笔录的末页注明"某某拒绝签名和捺指印"，并说明情况和原因。

11. 询问时间要记录准确，应准确如实记录询问开始和结束时间；多次询问的，应记明次数。询问多个当事人的，切忌出现询问人或记录人在同一时间询问不同当事人的情况。

二、询问证人要领

1. 询问证人前，应当了解证人的身份信息，证人与当事人、案件处理结果有无利害关系。

2. 询问证人时，应当告知证人必须如实地提供证据、证言和有意作伪证或隐匿罪证应负的法律责任。

3. 询问同一案件的多名证人时，应当单独进行。

4. 证人的猜测性、评论性、推断性的证言，不能作为证据使用，但根据一般生活经验判断符合事实的除外。

5. 城市管理综合执法人员询问证人，可以到证人的所在单位或者住处进行，但是必须出示相关证件。在必要的时候，也可以通知证人到城市管理综合执法部门提供证言。

6. 询问不满18岁的证人，可以通知其法定代理人到场。

7. 询问证人，一般应先让证人就他所知道的情况作连续的详细叙述，并问明其所叙述事实的来源，然后根据其叙述结合案件中应当判明的事实和有关情节，有针对性地进行提问。

8. 证言内容必须为证人直接感知，确保证人的认知、记忆和表达能力、生理精神状态不影响作证。

9. 对证人的叙述，应当如实准确记录。

三、调查询问笔录文书样式

询问笔录（当事人）

案由：夏××涉嫌违法建设案

询问时间：2017 年 05 月 17 日 10 时 30 分至 11 时 00 分

询问地点：××市综合行政执法局一中队

被询问人：夏××　性别：男　民族：汉　身份证号码：33260119570928××××

工作单位：无　职务或职业：务农　电话：1305888××××

住址：××市××区××街道×××村162号　邮编：318000　与本案关系：当事人

询问人：王×、孙×　记录人：王×

工作单位：××市综合行政执法局一中队

问：我们是××市综合行政执法局的行政执法人员，我是今天谈话的询问人孙×（《行政执法证》编号0900091409××××），担任今天谈话记录人的是我单位执法人员王×（《行政执法证》编号0900091107××××）。这是我们的执法证件，请过目确认。

答：我已看过，对你们执法人员的资格无异议。

问：根据有关法律规定，执法人员与案件有直接利害关系的，应当回避。你是否需要申请回避？

答：不需要回避。

问：今天，我们通知你到我们单位来，你知道是为了什么事吗？

答：我知道，因为我前段时间在没有经过批准的情况下就自己建房子。

问：你将具体情况讲一下。

答：我叫夏××，住××市××区××街道×××村162号，身份证号码：33260119570928××××（拿出身份证等资料交给办案人员），这是我的身份证原件和复印件。我常年在××区××街道×××村生活，早在好几年前，我就从村里分得了两间地基，但一直没有办理规划许可证，也没有开始盖房子。由于我儿子准备今年结婚，所以从去年3月份开始我就找了一个包工头，开始在我自己地基上盖房子，准备盖好了下半年儿子结婚用。到今年4月份时，工程已经全部完工，两间五层楼已经盖好。

被询问人：　　　　　　　　　　　　　　　记录人：

询问人：

第1页共3页

（续）

问：你们建的这套房子详细地址在哪里？

答：地址在××市××区××街道×××小区23幢5—6号，东边与我们村的金××户相邻，西边紧靠小区主道。南北面目前都是空地，没有跟其他人家相邻（拿出相关资料）。这是我家房子的土地使用证和门牌证的原件及复印件，你们可以核对一下。

问：你在盖房子之前有没有去办理相关规划许可？

答：没有去批过。

问：为什么不去批？

答：我家今年急用房子，报批手续太麻烦了，我就想着先建起来再说。

问：将你们家建的房子具体情况描述一下。

答：两间砖混结构的五层平顶楼房，坐北朝南，外墙灰色，楼顶用绿色的琉璃瓦片做了房檐的装饰。房子中间是打通的，建好后我自己去量过，房子进深为10米，每开间宽为3.5米，两间就是7米，所以每层面积大概是70平方米，各层大小都是一样的，因此总面积在350平方米左右。

问：帮你盖房子的包工头是谁？

答：是隔壁村的王××，我俩以前就认识。

问：你找他帮你盖房子有无签订合同？

答：没有，我们本来就是认识好多年了，不用签合同，就是说好所有东西都全包给他，他给我开个总价。

问：购买材料也都包给他吗？

答：是的，我就跟他说我要盖两间五层楼，然后需要盖成怎么样的，其他都是他一手包办，包括买材料和辅料等。

问：你们当时说好全部费用是多少钱？

答：全部包给他一共54万。

问：这笔费用支付了么？

答：交房的时候已经支付了，他还给我打了一个收条。

问：王××的情况请你提供一下。

答：王××，男，我们隔壁×××村人，大概40岁，专门接工程的，手机号码是1390576××××。

被询问人： 记录人：

询问人： 第2页共3页

（续）

问：你找人盖房子家里其他人知不知道的？

答：这个我老婆和我儿子肯定都知道的。

问：你们家盖房子的土地是否合法？

答：土地当然是合法的，本来就是村里分给每户盖房子用的地基，土地证都有的，我只不过盖房前嫌麻烦没有去批其他手续而已。

问：帮你造房子的工人有哪些？

答：这个具体是谁我就不清楚了，我都是全权交给王××了的，所有的人都是他找来的。多的时候七八个，少的时候三四个，人我都不认识，他们的工钱也是直接找王××结算的，跟我不搭界。

问：王××有没有承接建房的资质？

答：这个应该有的吧，他干这行已经十多年了，我们村很多人都找他盖的房子。不过我肯定不会看这个的，只要他把我房子盖好就行了。

问：根据我国《城乡规划法》第四十条之规定，在城市、镇规划区内进行建筑物工程建设的，建设单位或者个人应当向城市、县人民政府城乡规划主管部门申请办理建设工程规划许可证。你的行为已经涉嫌违法，你自己是否清楚？

答：我清楚的，当时没提起重视，以后不会再犯了。

问：你还有无补充？

答：希望你们能给我处罚轻一点，毕竟农村结婚盖房子是大事，我这也是太着急了造成的。

问：你以上所讲是否属实？

答：属实。

问：请你看一下，以上记录与你所讲是否相符？

答：

被询问人：

询问人：

询问笔录（举报人）

案由：夏××涉嫌违法建设案

询问时间：2017年05月16日15时30分至16时00分

询问地点：××市综合行政执法局一中队

被询问人：李××　性别：男　民族：汉　身份证号码：33260119630721××××

工作单位：无　职务或职业：务农　电话：1375762××××

住址：××市××区××街道×××村120号　邮编：318000　与本案关系：举报人

询问人：王×、孙×　记录人：王×

工作单位：××市综合行政执法局一中队

问：我们是××市综合行政执法局的行政执法人员，我是今天谈话的询问人孙×（《行政执法证》编号0900091409××××），担任今天谈话记录人的是我单位执法人员王×（《行政执法证》编号0900091107××××）。这是我们的执法证件，请过目确认。

答：我已看过，对你们执法人员的资格无异议。

问：根据有关法律规定，执法人员与案件有直接利害关系的，应当回避。你是否需要申请回避？

答：不需要回避。

问：请问你今天来到我们单位为了何事？

答：我是来向你们反映问题的。我们村的夏××没有去批规划许可证就在盖房子，现在两间五层楼都已经盖好了。

问：你将具体情况讲一下。

答：我叫李××，是××街道×××村的居民，住在我们村120号。夏××也是我们村的村民，他住在162号。我们村在早几年就给每户分了

被询问人：　　　　　　　　　　　　　　记录人：

询问人：　　　　　　　　　　　　　　　第1页共2页

（续）

地基，当时准备一起去规划报批然后一起盖房子的，但这个事情这两年一直都拖着，我们大家都在等。在去年3月份左右，夏××自己叫了一帮人在他地基上盖房子，也没有跟其他村民商量。当时就有不少村民反对，本来我们都是想大家一起盖然后房子设计得协调一点，这样好看一些，他先盖了我们后盖的就很不好弄了。但是夏××说自己儿子要结婚等不及，不顾大家反对继续盖，到今年4月份的时候两间五层楼已经盖好。

问：他盖房子有没有经过审批？

答：没有的。

问：你是怎么知道他没有批的？

答：他自己在跟我们聊天的时候亲口说的，他说他懒得去批。

问：夏××建的这套房子详细地址在哪里？

答：地址在××市××区××街道×××小区23幢5—6号，东边挨着我们村的金××家。

问：帮夏××盖房子的是哪些人你知道吗？

答：其他人不认识，不过包工头我知道，是隔壁村的王××，他经常在我们村接工程的。

问：你还有无补充？

答：没有了。

问：你以上所讲是否属实？

答：属实。

问：请你看一下，以上记录与你所讲是否相符？

答：_____

_____

_____

_____

被询问人：　　　　　　　　　　　　记录人：

询问人：

询问笔录（证人）

案由：夏××涉嫌违法建设案

询问时间：2017 年 05 月 17 日 14 时 00 分至 15 时 00 分

询问地点：××市综合行政执法局一中队

被询问人：王××　性别：男　民族：汉　身份证号码：33260119650501××××

工作单位：××市×××建筑公司　职务或职业：业务经理　电话：1376766××××

住址：××市××区××街道×××村46号　邮编：318000　与本案关系：证人

询问人：王×、孙×　记录人：王×

工作单位：××市综合行政执法局一中队

问：我们是××市综合行政执法局的行政执法人员，我是今天谈话的询问人孙×《行政执法证》编号0900091409××××，担任今天谈话记录人的是我单位执法人员王×《行政执法证》编号0900091107××××。这是我们的执法证件，请过目确认。

答：我已看过，对你们执法人员的资格无异议。

问：根据有关法律规定，执法人员与案件有直接利害关系的，应当回避。你是否需要申请回避？

答：不需要回避。

问：请问你今天来到我们单位为了何事？

答：我是帮××街道×××村夏××建房子的，我叫王××，早上夏××跟我讲你们在调查他建房子的事情，我就想自己过来把这件事情讲讲清楚。

问：好的，你将具体情况说一下。

答：我住在××街道×××村，就在夏××他们村隔壁。我平时是在亲戚的一家建筑公司下面做工程的，经常帮夏××他们村的人干活，跟夏××很早前就熟识。去年三月初的时候，夏××来找我，说他儿子准备结婚，要在自家地基上盖两间五层楼，想把这个业务给我做，我当时就答应了下来。后来我们又谈了一些细节，包括房子的外观、用料、颜色、布局等等。都沟通得差不多了的时候，夏××说自己比较急，想把整个工程全包给我，让我报一个一口价给他。我就根据当时的材料费用跟估算用量，列了一张费用清单给他，总价当时算出来是54万多一点点，我们后来就直

被询问人：　　　　　　　　　　　　记录人：

询问人：

第1页共2页

(续)

接说好54万帮他全部弄好。

问：你说的这张费用清单现在还在吗？

答：还在的，我带来了。（拿出清单）你们可以看一下。

问：当时这份清单没有夏××的签字确认么？

答：没有的，因为我俩算是认识蛮久了，他也知道我这个人为人，所以他很信任我，他当时看了一下自己也觉得比较合理，就说全交给我了。我当时问他要不要签个合同，他也说不用签没事。

问：你继续讲。

答：我和夏××说好后，就组织工人并购置材料，大概是在3月10几号就开始动工建设了，他家的两间地基地址在××市××区××街道×××小区23幢5—6号，东边紧靠着他们村的金××家，西边就是小区的主道，南北面现在都还是空地。工程开工后一直都还比较顺利，到今年的4月初房子已经全部完工，夏××自己检查了几天都比较满意，现在房子已经交到了他手里，我这边的费用他也都结清了。

问：建造的房子的情况请描述一下？

答：两间砖混结构的五层平顶楼房，坐北朝南，外墙灰色，楼顶用绿色的琉璃瓦片做了房檐的装饰。每开间宽为3.6米，进深10.2米，每层的面积是73.44平方米，由于每层的面积是一样大的，所以房屋总面积是367.2平方米。

问：你是否知道夏××建房之前有无取得相关许可？

答：这个我不是很清楚。

问：你有无相关建设资质？

答：有的。（拿出证明材料）你们可以看一下。

问：你还有无补充？

答：没有了。

问：你以上所讲是否属实？

答：属实。

问：请你看一下，以上记录与你所讲是否相符？

答：

被询问人：　　　　　　　　　　　　　　　记录人：

询问人：

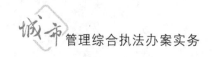

第九节 现场勘查

城市管理综合执法部门所指的现场是指行政相对人及相关人员实施一定行为而客观存在的作业场所、施工现场、材料、物品、声音、气味等相关信息的一切场所。现场勘查就是综合行政执法人员、技术人员为获取上述信息依程序运用相应技术设备而进行的勘验、检查,也有直接写现场勘验或现场检查。

作为行政相对人,大多数人能遵循法律、法规合法经营,但也有部分商铺店家、商人、住户等为了个人私利突破法律、法规的界限,成为行政法律、法规所要调整的对象。而要去认定是否真的违背相关法律、法规,就必须先从现场入手,通过对现场的勘查,掌握第一手材料,比如市容类案件的出店经营,就必须有照片或录像反映出店主将店内的货物移出店外经营的照片。说某辆工程车抛洒滴漏就必须有照片或视频反映出现场散落的建筑渣土等。说一住户违法搭建,同样需用现场资料来证明。当然,规范意义上的现场勘验、检查时,应当拍摄现场照片,制作现场勘验笔录和现场图,必要时还应当录音、录像。

一、现场照相

现场照片是指将案件发生的场所和与案件有关的人或物,用照相机等电子设备客观、准确、全面、系统地固定、记录的一种常用的取证方法。现场照相必须客观真实地反映现场的原始状态和勘查过程中发现的各种物品、材料的情况。所以执法人员到现场后,要对现场有大致的了解,包括现场有无变动,视情况在勘查笔录中注明。

(一) 现场照相类型

现场照片根据取景的大小及表达的重点不同,可分为现场方位照、现场概貌照、现场重点部位照、现场细目照。

1. 方位照

以案发的中心现场为基准点,以整个现场及现场周围环境作为拍摄对象，反映案发现场所处位置及周围事物关系的照片。方位照定位了案发现场的具体点位，客观地反映了该中心现场与周边事物的关联性，既为相关人员查找、核实、说明案发的位置，也为中心现场永久性保留提供了较为客观的依据。特别在开发区块或城市化推进过程中，道路、建筑甚至临街店铺重新改造、拆迁很普遍，拍摄好方位照，保留必要的资料，留下了证据，可以避免因以后城市的改造而出现案件办结、审核的被动。

一般规划案件方位照示例

2. 概貌照

以整个现场或现场中心为拍摄内容，反映现场的全貌以及现场各部分关系的照片。拍摄概貌照至少注意几点：一是要注意与上张的方位照的关联性，即概貌照与方位照有交叉重叠部分，这样能相互照应，直观，有说服力，不显突兀。二是应多角度拍摄，制作时写明从南到北拍摄或从东向西拍摄等，能直观说明照片所反映的信息。三是拍概貌照时，同时要考虑下张重点部位照，尽量使概貌照中有隐约反映重点部位的部分，这样拍重点照时，其出处就较直观了。必要时，用线标出来，就更清楚，更有说服力。

一般规划案件概貌照示例

3. 重点部位照

记录现场重要部位或地段的状况、特点以及与案件有关的物品或所在部位的专门照片。注意三点：一是关联性，即重点部位照必须与概貌照关

一般规划案件重点部位照示例

联起来，有交叉重叠处，而不是孤立的一张重点部位照。二是如果多处重点，实在不能在一张照片体现出来的，可以多拍几张，制作时，并列放在一起，但尽量也能与概貌照有交叉部分，形成关联性。三是与概貌照制作相对应，也就是用细线标划出来，直观清楚。

4. 细目照

记录在现场所发现的与案件有关的细小局部状况和各种物品，以反映其形状、大小、深度、图案、文字内容等的专门照片。注意几点：一是细目照一般要放比例尺。既然是细目照，说明要着重强调体现出来的细微之处，此处虽然小，却是照片制作中重要的证据部分，务必体现其细微的各种尺寸、大小等，如测量违法建设的长宽高尺寸、违法设置大型广告的尺寸、挖掘城市道路的尺寸、建筑渣土的抛散滴漏面积，等等。二是关联性，操作方法同概貌照拍摄、制作。三是最好用彩色打印，因细目照有时要反映颜色，便于与询问笔录等相互对应，更直观反映客观状态。

一般规划案件细目照示例

（二）拍摄现场照片应注意事项

1. 了解情况

拍摄人员到达现场之后，应当与其他取证人员一同了解案件发生、发现的时间、地点及经过，现场原始状况和变动情况。了解情况，使执法人员对案件的性质有基本的了解，而不同的案件，拍照取证的重点自然不同，比如对一条街上的占道经营、流动摊贩两个不同案件的查处，占道经营所在的街道仅作为案件的方位，占道的店家商铺才是拍照要突出的，即店主占道位置与该店的门头招牌的关联性才是拍摄要考虑的。但对流动摊贩，该条街的走向宽窄等才是要重点考虑的，而与摊贩位置较近的店铺只是该案的参照点，事实上也可以选择其周边的其他建筑物等作为参照。同样，了解现场是否变动，对拍摄人同样很重要，理论上，拍摄的那一时间点所有物体位置怎样就应当怎样，但事实上如果有当事人或其他人改变了现场，那取证拍照的人员就应当在整个拍照构思时预留一个位置，考虑到案发时，某个物体的事实位置是怎样的，这样与询问笔录或其他证人证言就能对应起来。

2. 固定现场

现场是行政相对人违法实施行为遗留下的客观信息，这些信息可由感官看到、闻到、听到，虽然是真实的存在，但如何将这些信息作为查处行政相对人的证据，如何将这些信息反映在办案人员的案卷里，能在整个行政执法程序中需要的时候体现出来，显然就必须将现场这些信息固定下来，而拍照、拍摄现场照片就是最常用的一种取证方法，需要执法人员在巡视现场的同时或详细勘查之前迅速对现场概貌状况进行拍照固定。之所以要迅速，是因为很多证据是动态的，可以说稍纵即逝。另外，对整个动态者拍照，可能拍摄的照片较多，制作现场照片时，也可能不全放在现场照片卷里面，但掌握了主动，有了选择的余地。另外，从这些多余的照片中说不定能发现整个办案过程中的其他相关信息，甚至重要的证据。

3. 现场构思

根据现场状况，明确现场拍摄的内容、重点，构思安排多个画面、镜头的组合结构和对整个现场的表述方式。如同摄制电影需要对很多段的视频进行剪切取舍一样，现场照片的制作也如此，很多照片拍好后，在遵守客观事实前提下，要对所有的照片有所取舍，然后对放在照片卷里的所有照片如何排放要有所安排，比如先放方位照，然后概貌照，再次重点照，到最后放细目照。但如果需要采用的重点照或细目照较多，哪一张先放，哪一张后放,要结合其与方位照、概貌照、重点照的关联性,采取就近原则,另外,在整个照片卷制作时尽量使标线较小,标线与标线尽量没有交叉,避免混乱现象。确实需要的话,可以视情况,在照片下面简明扼要地写上相关文字信息。

(三) 拍摄现场照片的顺序

拍照一般按如下过程进行,结合案发现场的实际情况,也可以交叉进行。

1. 先拍方位、概貌再拍重点、细目。这是原则,但如果结合案件的性质,在拍方位照时,某一重点部分显然是案情需要的,当然可以同时取证,而不必要重复往返,浪费时间,只是在排放现场照片时,应按照相应的顺序来进行。

2. 先拍原始再拍移动。这是为保证案发的真实情况,只是根据案件需要,在取证时,需要移去相应的遮挡物,比如测量违法广告面积时,广告被前面的树枝挡住了,这时就应当在树挪动前先拍一张,挪开后再拍一张。

3. 先拍易破坏消失的物品,后拍不易破坏消失的。尊重客观规律,最及时地获取能反映案发真实情况的信息。如噪音污染案件,餐饮店油烟排放案件,车窗抛物案件等等,就是一个动态的过程,这些现场证物及信息,如果不及时取证,就可能马上消失。有些现场证物还具有时间性,比如,噪音案件日间与夜间允许发出的声音分贝要求是不同的。如果过了这个时间点,就必须第二天再来,浪费了行政资源。

4. 先拍地面,后拍上部。这是考虑到上部的物品受重力作用,在拍照取证过程中掉下来的可能,而先固定了地面实际情况,就不会因上面的东西掉下来而受干扰。建筑泥浆抛散滴漏、污水乱排偷排等案件就是这样,可能执法人员到现场前后,由于物品自身重力作用,量的大小会有所不同,这些案件就需要先拍地面、后拍上部,掌握案件的客观情况,真实记录当事人的违法程度。

5. 先拍急后拍缓。一些动态的,有时间性的,与温度、湿度等密切相关的信息,显然要及时取证,以免影响案件的客观情况,当然出于人性化执法办案,当事人可能马上挪动的,经当事人提出,执法人员应当及时取证,以免影响当事人的日常生活工作。

6. 先拍易后拍难。简单的现场信息采集好后，可以有更多的力量，收集相对重要、繁杂的现场信息。

（四）拍摄现场照片的意义

总的来说，拍摄现场照片是固定证据的需要。在宽泛意义上讲，现场照片本就是电子证据之一。而作为法定证据的分类来说，现场照片应属于现场勘查笔录的一部分，即现场照片、现场图与现场勘查笔录三样记录合在一起才算完整的现场勘查笔录，办案单位通说"现场三录"。特别是城管执法管理对象量大面广，有些市容类的案件性质也相对较轻，做笔录等其他取证方法较为不便，而没有证据，肯定不行，这时，采用既科学又简便的拍照方式显然不失为很好的方法。具体地说，拍摄现场照片有下列几点作用：

1. 客观地记录案件现场。这是现场照片最根本也是最重要的作用。一张现场照片或一段视频基本上能客观地包含现场的很多信息，如果再有当事人询问笔录的认可，一般市容类案件的证据收集也就差不多了。

2. 弥补现场勘查的不足。现场勘查以文字材料形成，相对图片内容抽象些，而现场图片能直观、直接反映现场信息，弥补勘查文字材料的不足，现场照相也应客观、全面，需要制作技巧，使出现在案卷中的现场照片资料与现场笔录及询问笔录相对应，形成有效的证据链，这样才能为案件办理提供有力证据。

3. 为技术检验、鉴定提供条件。一般来说，技术检验、鉴定不能在现场直接完成，检验人员、鉴定人员甚至不是现场勘查人员，这时，通过现场照片的信息能将现场与送检鉴定的内容衔接起来，也能帮助一些没到过现场的检验、鉴定人员掌握相关情况。

二、现场图

现场图是反映现场环境、现场概况以及与现场有关物体的形象、位置及其相互关系的绘图，是现场勘查记录的方式之一。现场图一般应当由下列四部分组成，一是题目，通过扼要的几个关键词来说明，通常有时间、地点、案件性质、图型类别，如"2017.10.15台州职业学院门口占道经营平面示意图"。二是指示符号，一般在现场图中画出指北针，通过指示符号反映出整个图例中各个建筑物或物体的相对分布。三是一个小表格，表格里说明制图人、制图时间、案发中心等重要符号的解释，一般案发中心用"⊗"来表示。如果是比例图，还要加比例值。四是案发中心及周边相关联图例。这四点，没有硬性的位置划分，但一般来说，以案发中心现场居中，作辅助用的前三点放四周，且保证整个现场图均匀分布，能客观、科学、清晰地反映整个案发情况。

1. 按内容和作用分，从范围大到小依次有现场方位图、现场全貌图和现场局部图。这三类绘图可以根据案情的实际情况单一使用或全部使用。一般来说，如果是重大、复杂案件，或者是一时难以办结的案件，特别是如果发案地属于开发地带或存在改拆的区块，就应当用尽可能多的图示来固定记录，当三类图示都需要时，绘制各类现场照片时应当考虑其关联性，确保需要交代的物品、位置环环相扣，既交代出处，又能清楚地将重要的物证显示出来。各类图例如下：

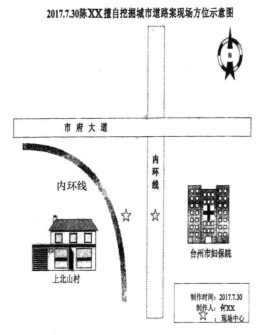

某案件现场方位示意图（样本）

2. 按绘图方法分，有比例图和示意图。通常用平面图表示，有时根据需要还可以绘制立体图、剖面图与展开图等。

比例图是针对一些案件需要交代清楚四至等尺寸的，或特别需要强调长宽高或深度等等。一般情况用示意图来体现即可。各类图例如下：

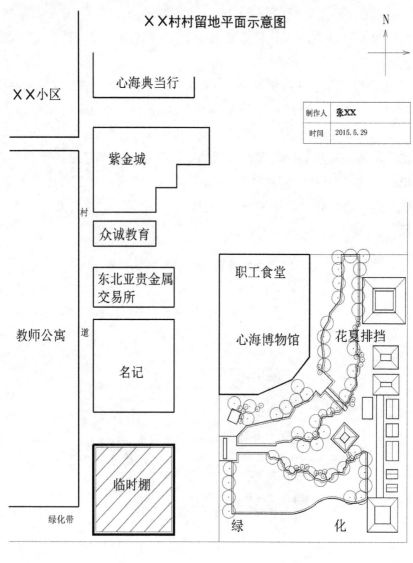

某村平面图（样本）

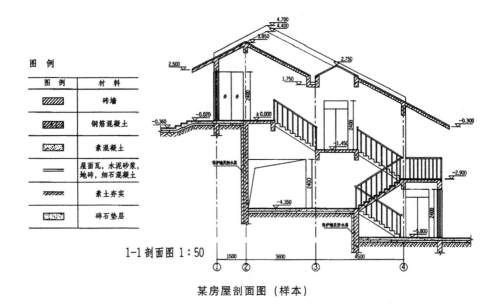

某房屋剖面图（样本）

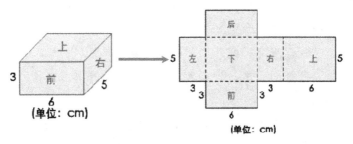

展开图（样本）

三、现场勘查笔录与现场笔录

行政执法过程中的勘查笔录和现场笔录是行政执法办案的两类重要证据，两者之间既有共同点，也有所区别。

（一）现场勘查笔录

现场勘查笔录是指行政机关对于与案件有关的现场进行勘查、检验时所制作的实况记录，是用文字形式固定勘查工作的情况。勘查笔录是行政执法部门分析研究案件的重要依据，是甄别违法行为人供述，证实违法行为的有力证据。

1. 勘查笔录及时固定了现场原貌，是证明案件现场状况的重要证据材料，经查证属实，可作为定案的根据。

2. 勘查笔录一般由现场文字记录、现场绘图和现场照片三部分内容组成，它们以不同形式、从不同角度完整地反映现场状况，客观、系统、全面地反映勘查的全过程和勘查结果及发现、提取痕迹、物品和其他证物的情况。

制作勘查笔录，应注意如下要点：

1. 勘查笔录是对案件现场勘查中发现的各种客观情况的记载，勘查人员对现场情况的分析意见，不能记录在笔录中。

2. 勘查笔录由前言、正文、尾部组成。

前言包括笔录文号、发现或报案时间和内容、现场地点、勘查的起止时间、勘查人员姓名及单位、现场勘查指挥人及单位职务、现场条件。

正文即勘查情况部分，主要记载现场勘查的详细情况，包括现场方位和现场概貌、中心现场位置、勘查过程及结果。正文部分应与现场照片相对应。勘查过程首先要记录清楚发现或者报案的情况以及组织人员赴现场勘查的情况。然后要重点记载现场和勘查的具体情况。

尾部由参加勘查的人员、当事人、见证人签名或盖章。

（二）现场笔录

是指行政机关为实施执法管理等，按照法定程序，对现场情况、当事人陈述、证人证言等所作的记录。

制作现场笔录，应注意如下要点：

1. 现场笔录应在现场制作，在笔录中载明时间、地点和事件等内容，对现场情况全面、客观、详细记载，并由行政执法人员、当事人签名或盖章。当事人拒绝的，应当笔录上注明原因。

2. 当事人不到场的，邀请见证人到场，由行政执法人员和证人在现场笔录上签名或盖章。

（三）勘查笔录与现场笔录的区别

1. 勘查笔录一般只记录现场事实情况，并不涉及对当事人、证人等的询问。

2. 现场笔录包括案件事实的记录和程序问题的记录两部分，包括对现场事实情况的描述；对当事人、证人等的询问；行政机关对违反法律法规行为进行处理时所进行的当场记录；根据公民、法人或其他组织的要求、申请人同意或拒绝作出的行政行为的当场记录。

在行政执法办案过程中，对于不是非常复杂的案件，勘查笔录和现场笔录可合二为一体现在一个笔录中，即先对案件现场情况进行记录，再对现场事实进行记录，只要能保证其关联性、合法性和客观性，就能作为行政案件的证据材料。

（四）现场检查（勘验）笔录文书样式

现场检查（勘验）笔录

勘查时间：<u>2016</u>年<u>8</u>月<u>11</u>日<u>9</u>时<u>05</u>分至<u>9</u>时<u>45</u>分

检查（勘验）地点：<u>××市市府大道211—217号</u>

被检查人名称：_____ 法定代表人（负责人）：_____

被检查（勘验）人姓名：<u>王××</u> 性别：<u>女</u> 民族：<u>汉</u>

身份证号码：<u>2323301981042416××</u>

工作单位：_____ 职务或职业：_____ 电话：<u>1880586××××</u>

住址：<u>黑龙江省宾县××镇××村</u>邮编：<u>150413</u>

现场指挥人：<u>柯××</u> 职务：<u>中队长</u>

其他见证人：<u>姚××</u> 单位或住址：<u>浙江省××市××区××××××</u>

检查（勘验）人及执法证号码：<u>柯××《行政执法证》编号090009150600××、冯××《行政执法证》编号090009130600××</u> 记录人：<u>冯××</u>

工作单位：<u>××市城市管理行政执法局</u>

现场情况：<u>2016年8月11日，接大队领导指令，市府大道××园小区某幢建筑物存在违法搭建，要求我中队速去处理。接令后，柯××队长带领中队队员冯××、徐××，邀请浙江省××市××区××姚××作为见证人，于9时05分到达现场开始勘查。天气晴。</u>

<u>××园小区坐落在市府大道与经中路交叉口西南角，坐北朝南。现场位于××园小区市府大道临街商铺背面，该现场临街一侧为市府大道</u>

(续)

211—217号国信证券公司，其西侧为××公寓小区，南侧为××园小区5幢。

中心现场为市府大道211—217号国信证券公司商铺南面一间蓝色铁皮简易房，该简易房位于地上一层车库屋顶正上方，层数为1层，该层东侧开设一扇门。勘查人员从该门进入，使用软尺测得该简易房长12.8米，宽4.0米，高3.0米，建筑面积共为51.2平方米，其北面与国信证券公司商铺二楼南面阳台外廊接驳，简易房室内西侧搭建一灶台，摆放餐桌等厨房用品。其他无异样。

至9时45分，现场勘查结束。

勘查人签字：

记录人签字：

见证人签字：

2016.08××园小区王XX违法建设现场中心示意图

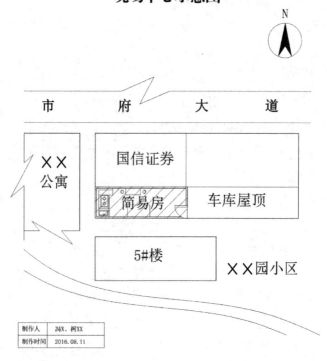

第四章 案件调查

现场照片

违法建筑东立面照（由东向西拍）

现场照片

违法建筑北立面照（由西北向东南拍）

2016.08 XX小区王XX违法建设现场照片

现场方位照（⊗为违法建筑）

拍摄人：	冯XX、柯XX
拍摄时间：	2016年8月11日

违法建筑概貌照（由南向北拍）

违法建筑南立面照（由南向北拍）

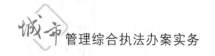

第十节 视听资料的收集

一、视听资料的概念

以录音磁带、录像带、电影胶片或电子计算机相关设备存储的,作为证明案件事实的声音、活动影像和图形,统称为"视听资料"。

视听资料一般可分为三种类型:

(1) 视觉资料,也称无声录像资料,包括图片、摄影胶卷、幻灯片、投影片、无声录像带、无声影片、无声机读件等。

(2) 听觉资料,也称录音资料,包括唱片、录音带等。

(3) 声像资料,也称音像资料或音形资料,包括电影片、电视片、录音录像片、声像光盘等。

二、合法收集的要求

根据最高人民法院《关于民事诉讼证据的若干规定》的规定,存在疑点的视听资料,不能单独作为认定案件事实的依据。对于未经对方当事人同意私自录制其谈话取得的资料,只要不是以侵害他人合法权益(如侵害隐私)或者违反法律禁止性规定的方法(如窃听)取得的,仍可以作为认定案件事实的依据。

存有疑点的视听资料,不能单独作为认定案件事实的依据。所以在录制视听资料时一定要注意掌握相应的技巧,同时尽量搜集相关联的证据予以佐证。为保证图片、视频的合法性和真实性,在行政复议阶段、行政诉讼阶段被采用,最好在图片、视频上体现出时间、地点、当事人、违法物品、具体位置、两个执法人员等要素。比如,执法人员为了取证某水果店占道经营,而当事人不听劝说,执法人员采用录像取证,就可以使用这种方法,将相关信息都录在整个连续的视频里面。而事实上我们在执法办案时,是将图像、录像、音频三者相结合,通过执法人员的拍摄技巧,将整个案件通过录像完整录取下来,一般为了更有针对性,可以配以执法人员的客观解说。如上述案例，一名拍摄人员可以在拍摄的同时，轻声客观地配以声音说："今天是 2017 年 10 月某日上午 8：45 分，台州行政执法局执法人员张某某、王某某在某市市府大道对 288 号的当事人陈某某出店经营进行录像取证。"同时将镜头对准违法行为或违法情况地方，画面中要有执法人员执法活动情况。然后，比如至 8：51 分，拍摄取证基本结束，可以在拍摄结束时，说道："现在是 8：51 分，现场取证结束。"这样一来，整段视频现场执法画面感增加，也使得现场执法真实度、可信度更强。

三、视听资料的获取途径

视听资料的收集可以采用公开收集与秘密收集两种方式，办案人员可根据工作实际需要选择一种，或两者并用。但一般来说，无论在证据的采集上，还是实际办案的便利上，相对来说，公开获取资料的情况较多。为保证收集证据的客观、真实，收集人员必须需要注意以下几点技巧：

（1）收集的主体合格。要有办案人员或受委托的技术人员等，且必须两人以上。

（2）收集的连续性。通过视频收集的，必须根据案件的实际情况，保证某个违法事件的相关信息均在视频内且呈连续状态，能够反映出制作的时间、地点、制作长度等主要因素。

（3）收集的真实性。收集或制作时，必须做到客观真实，不得带有倾向性意见和感情色彩。可以收集原始证据的最好收集原始材料，实在不能的，应当复印原始资料，且注明此复印件出处、时间、复印人等，且注明与原件相符。

（4）必要的审批程序。重要的证据收集，视情需要逐级向领导汇报，并签字。

（5）收集人员签字。收集人员应当签字，如果是通过视频收集的，整个视频中最好出现有执法人员、技术人员收集工作的活动情况。

视听资料要合法、公开获取，如果不是公开的，要将此视听资料转为合法证据，比如通过做笔录，将涉及的相关违法情况，通过对当事人的询问在笔录中体现出来，来佐证视听资料信息。同样，如果秘密拍摄注意了上述的拍摄技巧，无论是复议，还是诉讼，应当予以采纳。当然，也可以将上述收集的信息，通过公证的方式，使收集的视听资料合法化。

第十一节　电子数据的收集

电子数据在传统执法办案中价值不大，也很少用到，但随着智慧城市的建设、智慧城管的提出，对城管执法人员提出了更高的要求，我们要未雨绸缪，提前了解相关知识。

一、电子数据的定义

狭义上的电子数据是指留在计算机单体上以及连接在网络上的文字、图片、声音等所有能够证明案件事实的电子记录。包括电子邮件、电子数据交换、网上聊天记录、博客、微信、手机短信、电子签名、域名等形成或者存储在电子介质中的信息。

二、如何收集电子数据

（一）收集的主体

因电子数据技术含量较高，除了行政执法人员外，还需要电子技术专家予以协助。如制订提取某一电子证据的计划、步骤以及相应的要领，协助取证，保管电子证据。但为了使得收集到的电子证据能在行政诉讼中采用，行政执法工作者需要在一定的法律程序下进行取证，技术人员收集只是辅助作用，应当在执法人员的指导下进行活动。

（二）收集方式

收集电子证据的方法主要有现场勘查、暂押。基于电子数据的特殊性，案件现场包括物理空间和虚拟空间。物理空间就是传统的违法现场。虚拟空间则指由计算机硬件及网络所构成的电子空间，因为其无法直接为人的感官所感知，所以称为虚拟空间。虚拟现场又分为两种，一种是单一计算机的硬件环境和软件环境，称为单机现场；另一种是由许多计算机组成的网络环境，称为网络现场。其遗留有电子证据的情节不仅指违法人员某一时刻是否违法，有时需要某一过程，通过前后的对比来体现，如有些违法案件在执法人员要求当事人及时整改，通过告知前后的电子数据信息的不同，就能很好地反映出当事人有无自行整改。通过这一过程的取证，从而来认定当事人是否违法。

进行现场勘查前，首先要切断计算机与外部的联系，并停止对计算机的操作。在勘查时，要注意将电子技术手段与普通勘查手段相结合，发现涉案数据后应当采用镜像复制法进行数据复制，并对复制件进行数字签名，以确保它的完整性和真实性。必要时，经上级批准，可以对涉嫌的电子物品和文件予以扣押。一般首先考虑提取软件，必要时也可以提取计算机硬件。对于采集到的证据，要及时标注提取的来源、时间、提取过程、提取人员等，以保证电子证据提取的合法性。

（三）电子证据的保管

做好电子证据的固定和保全，有利于行政诉讼的顺利进行。所以除了落实专人保管外，还要注意电子证据的备份等问题。原则上不应将证据存放在硬盘，不能与原作案工具的操作系统相分离。因为计算机程序和操作系统至关重要，一旦脱离系统再安装就很有可能造成软件冲突而无法读取；另外，还应落实证据双备份原则，以防灭失。

第十二节　行政执法全过程记录

一、行政执法全过程记录的定义

行政执法全过程记录，是指在行政执法过程中，通过完成执法案卷制作，充分利用执法记录设备、视频监控设施等手段，对日常巡查、调查取证、案卷制作、行政强制等行政执法活动全过程进行记录。执法全过程记录既是证据收集的需要，也是执法人员自身保护的需要，根据谁主张谁举证原则，如果执法人员没有足够的证据，那么一些抗法案件，就可能因证据不足而处理不了。

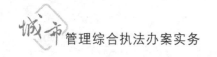

二、记录的形式、范围和载体

行政执法全过程记录包括文字记录和音像记录两种形式。文字记录即通过行政执法文书和案卷制作记录行政执法的全过程;音像记录即通过执法记录仪、照相机、摄像机等执法记录设备对日常巡查、调查取证、询问当事人、文书送达、行政听证、行政强制等行政执法活动进行记录,取得录像、录音、照片、视频监控等音像资料。

三、记录的主体

经行政执法资格考试合格,取得行政执法证件的行政执法人员是执法全过程记录的主体。当然,在实际执法工作中,行政执法辅助人员在行政执法人员的指挥和监督下,可以协助进行执法记录。另外,一些日常管理的工作不在此限。

四、保存及归档

每个单位应当由本单位的档案室负责统一存储执法记录设备的音像资料和保管行政执法案卷。行政执法案卷严格按照各省相关标准(如《浙江省行政执法文书材料立卷规范(试行)》)制作、装订、建立执法案卷档案;行政执法人员应当在每天工作结束后及时存储执法记录设备记录的音像资料,或者交由各大队专门人员存储。各大队每月定期将音像资料交由档案室存储;案卷保存期限按照相关规定的保存期限进行保存。日常巡查的音像资料保存期限不少于6个月;行政处罚一般程序案件和行政强制案件中作为证据使用的音像资料保存期限应当与案卷保存期限相同。

有下列情形,应当采取刻录光盘、使用移动储存介质等方式,长期保存执法记录的音像资料:

(1)当事人对行政执法人员现场执法、办案有异议或者投诉、上访、申请复议、向法院起诉的;

(2)当事人逃避、拒绝、阻碍行政执法人员依法执行公务,或者谩骂、侮辱、殴打行政执法人员的;

(3) 行政执法人员参与处置群体性事件、突发事件的；
(4) 其他需要长期保存的重要情况。

五、记录的使用

行政执法案卷及音像资料是行政复议、行政诉讼活动及投诉、信访等当事人对行政执法单位及执法人员管理、查处相关案件不满意而寻求救济途径时执法管理单位履行举证责任的依据。对案卷、音像资料等执法记录材料，实行严格管理，未经批准，不得查阅；因工作需要查阅音像资料的，经批准后，方可查阅。需要向行政复议机关、人民法院提供案卷、音像资料的，由办案部门向档案室调取，经批准后复制留存。

第十三节 鉴定（检测、检验）

综合行政执法办案过程中，除了收集一些证人证言、当事人询问笔录以及现场勘查笔录等，有时还需要收集鉴定意见，比如环保类案件中的噪音是否超标，排放出的油烟是否污染了环境；城乡规划类案件中的建筑物的房屋测绘面积报告，该建筑物的房屋结构鉴定分析；水利案件中的河道淤泥量检测等专业性的问题都需要通过相关专业技术人员的检测、检验、鉴定等。虽然这是一门技术，一门科学，但行政执法本身又是一门法科学。应当说鉴定是一门法科学，必须在法定程序下进行鉴定，其得到的鉴定意见才可能在整个诉讼过程中被采纳，所以对鉴定本身及其前后程序提出了更高要求。

一、鉴定（检测、检验）的条件

为了查明案情，需要对专门性技术问题进行鉴定的，应当指派或者聘请具有专门知识的人员进行。需要聘请本办案单位以外的人进行鉴定的，应当经办案部门负责人批准后，制作鉴定聘请书。

行政相对人或者第三方对鉴定意见有异议的，可以在收到鉴定意见复印件之日起 3 日内提出重新鉴定的申请，经县级以上办案单位批准后，进行重新鉴定。同一行政案件的同一事项重新鉴定以一次为限。办案单位认为必要时，也可以直接决定重新鉴定。重新鉴定，办案单位应当另行指派或者聘请鉴定人。

二、决定和交付鉴定（检测、检验）的程序

鉴定意见的出具是基于办案的需要，办案机关应当为鉴定提供必要的条件，及时送交有关检材和比对样本等原始材料，介绍与鉴定有关的情况，提出要求鉴定解决的问题。同时，办案人员应当做好检材的保管和送检工作，出具办案机关的委托书、聘请书等；并注明检材送检环节的责任人，确保检材在流转环节中的同一性和不被污染。禁止强迫或者暗示鉴定人作出某种鉴定意见。

从鉴定机构来说，鉴定应当有鉴定机构负责人的批准，有受理案件鉴定登记表，填写相关内容，如送检材料，送检时间，送检单位，送检人，受理单位，填写简要案情。

三、出具鉴定（检测、检验）意见

鉴定意见是指各行业的专家对案件中的专门性问题所出具的专门性意见。鉴定意见应当载明委托人、委托鉴定的事项、提交鉴定的相关材料、鉴定的时间、依据和结论性意见等内容，由鉴定人签名或者盖章，并加盖鉴定机构的鉴定专用章。通过分析得出鉴定意见的，应当有分析过程的说明。鉴定意见应当附有鉴定机构和鉴定人的资质证明或者其他证明文件。鉴定人对鉴定意见负责，不受任何机关、团体、企业、事业单位和个人的干涉。多人参加鉴定，对鉴定意见有不同意见的，应当注明。

四、鉴定意见（检测、检验）告知

鉴定意见制作好后，办案单位应当对鉴定意见进行审查。根据谁委托鉴定谁告知原则，对经审查作为证据使用的鉴定意见，行政机关应当在收到鉴定意见之日起及时将鉴定意见复印件送达行政相对人和第三方，因为

鉴定意见会影响当事人是否申请重新鉴定之权利的行使。其告知方式，可以采用送达方式，也可以采用笔录告知，告知笔录应当交由被告知人签名并注明日期。

第十四节 "零陈述"案件的办理

一、什么是"零陈述"案件

所谓的"零陈述"案件，是指行政机关在作出行政处罚决定时，当事人本人不承认自己实施了违法行为或存在违法现象，执法人员通过收集其他证据认定当事人的违法行为或现象而作出行政处罚的案件。通过"零陈述"办结的案件，整个案卷中一般不是没有当事人的笔录，只是笔录中行政相对人不承认自己实施或存在违法行为（现象）。通常包括三种情形：一是当事人根本否认自己实施了违法行为或存在违法现象；二是当事人只承认自己的次要违法行为或存在的部分违法现象，但否认自己的主要违法行为或存在的违法现象；当然也存在第三种情景，即当事人根本不过来做笔录，整个案卷中没有当事人本人的笔录存在。

总之，在行政执法过程之中，没有行政相对人本人承认实施某种违法行为或存在某种违法现象，只根据其他的证据材料而作出行政处罚决定，借用刑事案件办理过程中，犯罪嫌疑人不承认自己的违法犯罪行为，而通过收集其他证据最终定罪的"零陈述"案件的习惯说法，我们把这种情形称为"零陈述"案件。

二、"零陈述"案件的难点和解决思路

实践中，"零陈述"案件的难点主要有如下几项：

1. 取证难

从行政诉讼法理出发，行政案件的责任分配是作出行政处罚的单位不但要收集证据证明当事人违法，还要证明作出的具体行政行为合法，当事人没有自己证明自己违法的义务。故当事人自己不承认存在违法行为或现

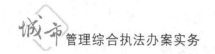

象时，自然使整个案件查处存在难点。

那么，如何解决呢？同样，我们也从行政法理开始来逐步分析、解决。一般地，行政机关作出一个合法的具体行政行为，应当在职权范围内施行，还要符合"证据确凿，适用法律、法规准确，符合法定程序"的要求。换句话说，一个具体行政行为，只要具备"证据确凿，适用法律、法规准确，符合法定程序的"的条件，即为合法。"零陈述"主要涉及的是行政行为中的证据要件，即判断具体行政行为依据的事实是否达到"事实清楚、证据确凿"的标准。那么，什么是证据？证明案件真实情况的一切事实，都是证据。证据必须经过查证属实，才能作为判案的根据。行政法规定的证据除了当事人的询问笔录外，还有其他法定证据或非法定证据。既然我们收集不了当事人自己承认实施违法行为或存在违法现象的证据，那么我们可以通过依法收集其他证据来证明当事人的违法情况并作出处罚。在具体的行政案件查处中，当事人拒绝配合执法工作的，可以收集物证、书证、现场勘查、证人证言、视听资料、鉴定意见等，能够证明违法行为确为行政相对人所为，达到事实清楚、证据确凿的程度，形成闭环证据链，指向当事人的违法行为或违法现象，同样应当依法作出行政处罚的决定，既避免了与当事人的矛盾甚至冲突，又实现了法律价值。

2. 送达难

这里的送达，不仅仅指处行政处罚决定的法律文书的送达，包括案件受理开始后从初查到最后的执行完毕各类的法律文书的送达，如调查询问通知书、限期责令整改通知书、行政处罚事先告知书、催告、公告以及行政处罚决定程序中陈述权和申辩权告知等法律文书的送达。如果说，所谓的取证难主要指的是违法事实认定上的困难，那么送达难主要指的是办案机关在办案程序上的困难。当然，有些程序性的权利，当事人可以放弃，如陈述与申辩等。但对行政机关而言，必须要告知当事人的权利，否则就是程序违法。而"零陈述"案件，当事人显然是极度不配合，这样的案件，自然需要各个办案环节都到位，办案周期较长，但在各个环节中，当事人很少出现在现场，甚至不在现场，各类法律文书的送达自然有很大的难度。而不送达，或者说事实上已经送达但当事人不知，抑或事实上已经送达但当事人有足够的理由假装不知等，这些在法律程序上视为没有送达或送达不当的情况存在时，那么案件的办理很难进入下一个流程，更不用说最后的办结。

那么如何在法律程序上，表明执法人员已经将相关的法律文书送达了呢？主要抓住一点，就是要让送达的相应法律文书这一信息通过文字、图片、声音以及视频等动态或静态方式记录留存下来。当然，根据不同情况，可以分类处理，如果当事人能联系上的，或在现场的，可以将发放各类文书这一信息通过手机信息互动、电话录音、视听资料等方式记录下来；如果当事人不在现场且联系不上的，可以通过留置送达，但务必有合格的接收人、见证人及送达人的签名，且最好对接收签名时的情况进行拍照或摄像；当然，还可以通过公告送达等等，总之，要留有送达的痕迹在案卷中，来佐证执法人员送达过，为处罚及诉讼做充分准备。

三、"零陈述"案件下各类证据的收集以及文书送达的具体操作

针对"零陈述"案件，办案单位应当运用技巧，多方面搜集证据材料，调查事实，达到事实清楚、证据确凿。另外遵循法定的程序，特别是将相关的法律文书及时、依法予以送达，同样可以依据法律法规，作出行政处罚决定。

（一）证据收集

1. 物证、书证。物证较为普遍且取证方便，大多就是直接拍照取证，如规划类案件堆放的装修材料、砖头，市容类案件中出现的占道经营现象，等等。当然，这也是现场勘查的一部分，本书已在不同地方提到。书证类证据，办理规划案件较为普遍，要证明违法建设，自然要到建设规划部门、房管部门、原测绘单位调取证书或图纸，到不动产登记部门进行权属调查，甚至到公安部门核实身份。

2. 证人证言。同样如规划案件，通过对小区物业服务人员或村干部的调查走访，对装修包工人员、现场施工人员或邻居的调查访问，了解当事人是否存在违法建设。通过门前屋后堆放的物料，以物找人的方法，调查建筑材料的来源，向建材商核实当事人是否购买过。对市容类案件，如一些占道经营案件，通过当事人相邻两侧的店主或环卫工人收集旁证，另外，针对占道经营等案件，根据"证人优先"原则，由于违法现象是一个持续

状态，在现场的协管人员所见的违法现象也是一个证人证言。而针对当事人到不了案的，比如承租房相关案件，应当收集房东与最近的承租方的承租协议等确定违法当事人。

3. 现场勘查。执法人员在收集现场证据时应当严格按照法定程序邀请见证人，在见证人在场的情况下进行现场勘查，并在勘查结束后及时制作笔录。对于涉及专业问题的现场勘查，执法机关可以指派或聘请具有专门知识的人进行现场勘查，或者在他们的参与配合下进行。现场勘查笔录应当有见证人及在场参加的全部检查勘查、人员的签名或盖章。

这里应当注意，很多法律工作者经常将现场勘查与现场检查混同，且往往因为当事人不签字，否定在现场收集到的证据。应当说，二者区别确实不大，但相对来说，现场勘查程序上要求更高，是法定证据，一般针对静态的、案后的或持续性的现场，需要在见证人在场的情况下进行，不需要当事人的签字即可作为法定证据，体现的是执法人员、勘查人员的权威，而正是这一点，为"零口供"案件提供了难得的证据。现场勘查一般包括三个内容：现场图、现场照片、文字内容，且必须相互关联，以求证据被采信。现场检查一般是针对某一特定正在发生的，或存续状态下的点位，可以是场所、人体、证照等。检查笔录的文书制定也较简单，但检查后，需要当事人签字。如果当事人不在现场，或者当事人拒绝签字的，应当邀请其他见证人到场，并交由其在场确认。最后由2名以上的现场执法人员在笔录中注明原因。当然，实际执法工作中，现场检查与现场勘查经常交叉、重叠使用，不作严格区分。

4. 视听资料。录音、录像等制作是采集视听资料常用的方法。随着监控在公共场合的普及，综合行政执法收集证据也增加了一个渠道，特别是当事人不配合时，可以通过调取案发现场周边的视频资料来作为当事人违法行为的证据之一。另外，执法人员也可以自身在现场收集视听资料。很多城市管理类的违法现象是一个存续状态，执法人员到现场拍摄到的视频，就是一个视听资料的法定证据。如规划类的违法建设以及市容类的占道经营等案件就可以通过录像来收集视听资料。对于通过录音录像制作方法收集视听资料的，执法人员应当附有该录音内容的文字记录，并注明制作方法、制作时间、制作人以及要证明的问题。另外，应当采取连续录像，不可以对制作的录像进行剪辑，且应当采集录像的原始载体作为证据。

5. 鉴定意见。对于需要专业知识才能确定的事实，应当通过专门机构进行鉴定，通过采用专业机构作出的鉴定意见作为认定事实的证据。执法人员需要采集鉴定意见作为证据的，应当委托有鉴定资格的单位进行鉴定，鉴定意见中应当注明委托人和委托鉴定的事项及向鉴定部门提交的相关材料，同时要写明鉴定的依据及使用的科学技术手段。鉴定意见上应当有鉴定部门和鉴定人鉴定资格的说明，并应有鉴定人的签名和鉴定部门的盖章。通过分析获得的鉴定意见，应当说明分析过程。

具有鉴定资格但参与案件办理的执法人员不得在本案中担当鉴定人员。

（二）各类文书送达

对于当事人拒绝签收法律文书的，可以在送达调查询问通知书、回证书时注明拒绝签收的原因及当时情形，并找村干部、社区（小区）负责人、单位负责人等人员，或当事人的直系亲属到现场见证送达，在其送达回证上签名，办案人员在送达回证上记下见证人员的有效证件号码及联系方式。对于重大案件，需要当事人知悉的办案程序和结果，如当事人陈述与申辩权利的告知，行政处罚的告知，强制执行中的催告、公告等等，如当事人拒不签收的，也可以尝试采用送达公证的方法，通过出具合法有效的公证书，保全证据，申请当地公证处派两名公证员陪同监督送达，使其送达合法有效。当然，当事人在场情况下，可以通过拍照、摄像等手段记录送达到位，记录时，要全面地将送达人、当事人、见证人在整个图片、视频中体现，比如，执法人员与当事人面对面交流，同时手中传递给当事人法律文书的情景，且有见证人在场的清晰图像，如果当事人不签字，也应当认定送达了；在电子技术、网络高度发达的今天，采用手机、电话录音、短信留言以及 QQ、微信等互通信息过程中有当事人明确表示知悉法律文书内容的交流信息，通过法定程序取其有效截图也应当认定送达了。另外，当然还有传统的公告送达，在地市级以上的当地政府机关报予以登报公告，过了法定日期，视为送达。

第十五节 案件调查终结报告

一、《案件调查终结报告》的适用

违法事实确凿、充分,应当给予行政处罚的,提出行政处罚意见,并制作《案件调查终结报告》。不属于本部门职责范围内的,移交有权机关处理。

二、《案件调查终结报告》的主要内容

(1) 案由:交代案件名称和具体情况。

(2) 当事人的基本情况:当事人是自然人的,应当写明该自然人的姓名、性别、年龄、身份证号码、工作单位、住所、邮政编码等。当事人是法人或者其他组织的,应当写明该法人或者其他组织的名称、住所、邮政编码和法定代表人或主要负责人的姓名、职务等。

(3) 调查经过:对城市管理综合执法部门的案件调查过程做一个简要的说明。

(4) 违法事实及相关证据

违法事实是指当事人实施违法行为的具体情况,包括其从事违法行为的时间、地点、目的、手段、情节、违法所得、危害后果等。相关证据是指办案人员在案件调查过程中收集到的书证、物证、证人证言、视听资料、电子证据、当事人陈述、鉴定结论、现场笔录等材料。调查终结报告中所记载的证据,首先要做到全面,既要收集不利于当事人的证据,又要收集有利于当事人的证据;其次要做到相关,即只记载用来证明案件事实的证据,与案件无关的材料不应记载。

(5) 处罚建议和法律依据

办案机构根据当事人的违法事实、案件性质以及法律的具体规定提出对案件当事人的具体处理意见,并列举明确的法律依据。

三、《案件调查终结报告》的文书样式

案件调查终结报告

案由：<u>叶××未经审批设置户外设施案</u>

当事人基本情况（姓名或名称）：<u>叶××，男，1962年11月出生，汉族，住址：××市××街道×××村B区12幢。</u>

调查经过：<u>2015年4月14日上午，执法人员巡查至××市××小区77幢11号，发现在其一层设置有喷绘布材料的门头招牌。该店面招牌规格为：宽3米，高1米，面积为3平方米；主体位置底色为蓝色；招牌的主要内容是为"创想电脑"。经询问经营者为叶××，现场不能提供相关设置户外设施的审批手续，涉嫌未经审批设置户外设施。当即由王×、孙×等执法人员对其现场进行了拍照、勘查、取证，并下达了《责令限期改正通知书》，责令当事人叶××于4月16日9时前自行改正。被勘查人对现场勘查情况无异议。2015年4月16日上午，再次赴现场勘查，发现当事人叶××未按要求进行整改，队员当即下达《询问通知书》，当日予以立案查处。2015年4月17日上午，当事人叶××到大队接受调查询问。</u>

违法事实及相关证据：<u>经查实，叶××于2015年4月14日上午，在未经相关部门审批的情况下，在××市××小区77幢11号的一楼设置喷绘布材料的门头招牌，该招牌的主要内容为"创想电脑"。上述违法事实有现场检查（勘验）笔录、现场照片、询问笔录、《责令限期改正通知书》等证据为证。当事人未经审批设置户外设施的行为已违反了《浙江省城市市容和环境卫生管理条例》第十九条第一款之规定。</u>

是否有依法从重、从轻、减轻或不予以行政处罚的情节及相关证据：<u>无</u>

调查人员提出行政处罚的建议及相关的法律依据：<u>根据《浙江省城市市容和环境卫生管理条例》第十九条第三款之规定，责令当事人叶××补办审批手续，并拟对其处罚款人民币×××元。</u>

调查人员签名：<u>王×、孙×</u>

年　月　日

第五章　行政强制措施

行政强制措施,是指行政机关在行政管理过程中,为制止违法行为、防止证据损毁、避免危害发生、控制危险扩大等情形,依法对公民的人身自由实施暂时性限制,或者对公民、法人或者其他组织的财物实施暂时性控制的行为。

第一节　查封与扣押

查封是对财产所有人的动产或不动产就地封存、贴上封条,不允许任何机关和个人使用和处分,以防止转移、隐匿或毁损丢失,以待进一步查处的措施。其与扣押的区别是:查封一般是对不可移动的财物就地封存,而扣押是将可移动的财产转移他处置于行政机关的控制下。

扣押是行政机关在执法过程中常用的行政强制措施,通常认为扣押是行政机关限制当事人对财物处分和使用的行政强制措施。扣押主要针对可移动财产,由行政机关采取暂时保管的方式解除当事人对其财物的占有,并限制其处分。

一、查封、扣押的条件

(一) 主体法定

《行政强制法》第 22 条规定:"查封、扣押应当由法律、法规规定的行政机关实施,其他任何行政机关或者组织不得实施。"这条规定明确了查封、扣押的实施主体应当是法律、法规规定的行政机关。《行政强制法》第17条规定,"依据《中华人民共和国行政处罚法》的规定行使相对集中行政处罚权的行政机关,可以实施法律、法规规定的与行政处罚权有关的行政强制措施……",该条即成为综合行政执法局有权依法实施扣押的法律依据。

另根据《行政强制法》第17条,"行政强制措施应当由行政机关具备资格的行政执法人员实施,其他人员不得实施"。实施扣押等行政强制措施的人员必须是具备执法资格的行政执法人员。

(二)手段适当

《行政强制法》第5条规定:"行政强制的设定和实施,应当适当。采用非强制手段可以达到行政管理目的的,不得设定和实施行政强制",这为行政机关是否决定实施扣押财物的条件规定了适当性标准。

《行政强制法》第16条第2款则对适当性标准作了进一步的注解:"违法行为情节显著轻微或者没有明显社会危害的,可以不采取行政强制措施","违法行为情节显著轻微"和"没有明显社会危害"成为行政机关决定"可以不采取扣押财物强制措施"的两个具体判断要件。

(三)目的合法

根据《行政强制法》第2条,实施行政强制的目的是为制止违法行为、防止证据损毁、避免危害发生、控制危险扩大等。为达到强制措施的目的,扣押对象也具有一定的特定性,根据《行政强制法》第23条规定,查封、扣押仅限于涉案的场所、设施或者财物。所谓"涉案",是指与行政机关处理的案件有关,即与行政机关正在查处的违法行为有直接的联系,主要有以下3类物品:

(1)作为违法结果的物品。例如,企业生产的不符合质量卫生安全标准的产品。

(2)作为违法行为工具的物品。例如,《无证无照经营查处办法》第11条规定:"对涉嫌用于无照经营的工具、设备、原材料、产品(商品)等物品,可以予以查封、扣押。"

(3)证明违法行为存在的物品。例如,查办非法经营燃气案件中,"与非法经营行为有关的合同、票据、账簿以及其他资料"。

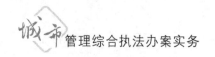

二、不得查封、扣押的几种情形

《行政强制法》第23条规定："查封、扣押限于涉案的场所、设施或者财物，不得查封、扣押与违法行为无关的场所、设施或者财物；不得查封、扣押公民个人及其所扶养家属的生活必需品。"可见不得扣押有两种情形：第一种是与违法行为无关的，即不属于上述"涉案"3类物品；第二种是涉及公民个人及其所扶养家属的生活必需品，例如生活所必需的衣服、家具、炊具、餐具及其他家庭生活必需的物品。

三、决定查封、扣押的手续

行政执法人员根据案发现场实际情况，决定是否扣押。如果符合扣押条件且有必要扣押的，在实施前须向行政机关负责人报告并批准。

情况紧急，需要当场实施行政强制措施的，行政执法人员应当在24小时内向行政机关负责人报告，并补办批准手续。行政机关负责人认为不应当采取行政强制措施的，应当立即解除。

四、执行查封、扣押的程序

根据《行政强制法》第18条，行政机关实施行政强制措施应当遵守下列规定：

（1）实施前须向行政机关负责人报告并经批准；

（2）由两名以上行政执法人员实施；

（3）出示执法身份证件；

（4）通知当事人到场；

（5）当场告知当事人采取行政强制措施的理由、依据以及当事人依法享有的权利、救济途径；

（6）听取当事人的陈述和申辩；

（7）制作现场笔录；

（8）现场笔录由当事人和行政执法人员签名或者盖章，当事人拒绝的，在笔录中予以注明；

（9）当事人不到场的，邀请见证人到场，由见证人和行政执法人员在现场笔录上签名或者盖章；

（10）法律、法规规定的其他程序。

可见，行政执法人员在实施查封、扣押前须做好调查取证工作，证据包括现场检查笔录、调查询问笔录、视听资料、证人证言和其他证明材料。需要实施查封、扣押的应当书面报经行政机关负责人批准；案情重大或者社会影响较大的，应当经行政机关负责人集体讨论决定。行政机关负责人决定实施查封、扣押的，应当制作查封、扣押决定书和清单。

五、查封、扣押的期限

查封、扣押的期限不得超过30日；情况复杂的，经行政机关负责人批准，可以延长，但是延长期限不得超过30日。法律、法规另有规定的除外。

延长查封、扣押的决定应当及时书面告知当事人，并说明理由。（《延长查封（扣押）期限决定书》样式见后文）

对物品需要进行检测、检验、检疫或者技术鉴定的，查封、扣押的期间不包括检测、检验、检疫或者技术鉴定的期间。检测、检验、检疫或者技术鉴定的期间应当明确，并书面告知当事人。检测、检验、检疫或者技术鉴定的费用由行政机关承担。

六、查封、扣押后的处理

执法部门实施查封、扣押后，对查封、扣押的物品，执法部门应当妥善保管，不得使用或者损毁，不得以任何名义收取保管费用。被查封、扣押的物品易腐烂、变质的，执法部门可以在留存证据后先行拍卖或者变卖。

执法部门实施查封、扣押后，应当及时查清事实，在法定期限内作出处理决定。对于违法事实清楚，依法应当没收的物品，予以没收；依法应当销毁的，予以销毁。对于经调查核实没有违法行为或者不再需要查封、扣押的，在作出处理决定后应当立即解除查封、扣押，返还财物；易腐烂、变质的物品已被拍卖或者变卖的，应当返还拍卖或者变卖所得的全部价款。因违反规定变卖或者未及时变卖造成当事人财产损失的，当事人有权要求赔偿或者补偿。

执法部门逾期未作决定的,被查封的物品视为自动解除查封;当事人要求退还扣押的物品,执法部门应当立即退还。

对当事人弃留现场的财物,执法部门应当登记并妥善保管。当事人难以查明或者未在规定期限内接受处理的,应当予以公告。自公告之日起满60日不能查明当事人或者不接受处理的,可以拍卖、变卖或者按照国家相关规定处理。对易腐烂、变质的物品,可以在留存证据后先行拍卖或者变卖。

七、相关文书样式

查封(扣押)决定书

____查(扣)决字[ ]第 号

_____:

你(单位)涉嫌实施了_____的违法行为,根据_____的规定,本机关决定对你(单位)的有关场所、设施或物品(详见《查封(扣押)清单》第 号)予以查封(扣押),查封(扣押)期限为__日,自____年__月__日起至____年__月__日止。如因检测、检验、检疫或者技术鉴定需要顺延期限的,或因情况复杂依法需要延长期限的,本机关将另行书面告知。在查封(扣押)期限内,你(单位)不得使用、销售、转移、损毁、隐匿。

查封(扣押)的物品存放于(地点),由(保管人姓名)保管。

如你(单位)不服本决定,可以在收到本决定书之日起60日内向____人民政府或者____申请行政复议,也可以在收到本决定书之日起6个月内直接向____人民法院提起诉讼。

附件:《查封(扣押)清单》第 号

行政执法机关名称(印章)

年 月 日

查封（扣押）清单

单位（公章）：　　　　　　　　　　　　　　　　　　　　　第　号

名称	数量	规格	型号	备注

当事人：_____　　　　　　　　　　　　___年__月__日

执法人员：_____、_____　　　　　___年__月__日

见证人：_____、_____　　　　　　___年__月__日

制作要求及注意事项：

1. 本文书适用于行政执法机关依法对相关场所、设施或物品实施查封（扣押）的情形。

2. 实施查封（扣押）应有明确的法律依据，期限不得超过 30 日。

3. 在文书中应明确查封（扣押）的期限、地点及当事人不服决定的救济途径。

4. 本文书一式三份，一份交当事人，一份交查封（扣押）物品的保管人，一份由承办机构留存。

延长查封（扣押）期限决定书

_____延查（扣）决字〔　〕第　号

_____：

　　本机关于____年__月__日向你（单位）制发《查封（扣押）决定书》（____查（扣）决字〔　〕第　号），对你（单位）的有关场所、设施或物品实施了查封（扣押）。

　　因_____，根据《中华人民共和国行政强制法》第二十五条第一款规定，经本机关负责人批准，决定延长对下列场所、设施或物品（详见《延长查封（扣押）清单》第　号）的查封（扣押）期限__日，自____年__月__日起至____年__月__日止。

　　附件：《延长查封（扣押）清单》第　号

行政执法机关名称（印章）
年　月　日

制作要求及注意事项：

　　1. 本文书适用于行政执法机关需要依法延长查封（扣押）期限的情形。

　　2. 延长查封（扣押）期限决定应在查封（扣押）有效期届满前作出，延长期限不得超过30日，法律、行政法规另有规定的除外。

　　3.《延长查封（扣押）清单》样式适用《查封（扣押）决定书》后附《查封（扣押）清单》。

　　4. 本文书一式三份，一份交当事人，一份交查封（扣押）物品的保管人，一份由承办机构留存。

解除查封（扣押）决定书

____解查（扣）决字〔　〕第　号

_____：

　　本机关于____年__月__日制发《查封（扣押）决定书》（____查（扣）决字〔　〕第　号），对你（单位）的有关场所、设施或物品实施了查封（扣押）。

　　根据《中华人民共和国行政强制法》第二十八条第一款第__项的规定，现决定自____年__月__日起予以全部（部分）解除（详见《解除查封（扣押）清单》第　号）。其中需退还你（单位）的物品，请你（单位）于____年__月__日前取回物品；逾期不领取的，本机关将依法予以处理。

　　附件：《解除查封（扣押）清单》第　号。

行政执法机关名称（印章）
年　月　日

制作要求及注意事项：

　　1. 本文书适用于行政执法机关依法全部或部分解除查封（扣押）措施的情形。

　　2.《解除查封（扣押）清单》样式适用《查封（扣押）决定书》后附《查封（扣押）清单》。

　　3. 本文书一式两份，一份交当事人，一份由承办机构留存。

第二节　责令限期改正

一、责令限期改正的定义和内容

责令（限期）改正违法行为，是指行政机关为了制止正在发生或可能发生的违法行为，而责令违法行为人履行法定义务，停止或纠正违法行为，消除不良后果，恢复原状，以维持行政管理秩序的法定状态。责令（限期）改正主要表现为责令限时（即时）清理（除）、责令限期恢复原状等。

二、责令限期改正的适用情形

责令（限期）改正的适用情形有三种，分别为责令（限期）改正单独适用、责令（限期）改正作为行政处罚的前置程序、责令（限期）改正与行政处罚并行适用。

第一种情况，责令（限期）改正单独适用，未与行政处罚并行适用。此种适用的情形为单独适用责令（限期）改正，通过责令（限期）改正，使违法行为人的违法行为恢复到正常的行政管理秩序。例如《浙江省城市市容和环境卫生管理条例》（以下简称《浙江省市容卫生条例》）第15条规定："……任何单位和个人不得在城市道路、公园绿地和其他公共场所的护栏、电杆、树木、路牌等公共设施上晾晒、吊挂衣物。违反前两款规定的，责令改正……"责令（限期）改正单独适用的情形较为少见。

第二种情况，责令（限期）改正作为行政处罚的前置程序。此种适用的情形为一般为先责令（限期）改正，然后根据具体的改正情况决定是否启动处罚程序。例《浙江省市容卫生条例》第18条规定："沿街和广场周边的经营者不得擅自超出门、窗进行店外经营、作业或者展示商品……违反前两款规定的，责令限期改正；逾期不改正的，对违反本条第一款规定的行为，可以处一百元以上一千元以下的罚款……"责令（限期）改正作为行政处罚的前置程序最为常见。

第三种情况，责令（限期）改正与行政处罚并行适用。此种适用的情形主要是给予罚款不足以恢复正常的行政管理秩序，但仅责令（限期）改正又不足以惩戒违法行为人，故只有两则并行，方可达到执法的目的。例如《浙江省市容卫生条例》第29条规定："……处置建筑垃圾的单位应当按照规定的路线、时间清运建筑垃圾，不得沿途丢弃、遗撒、随意倾倒……违反本条第二款规定，不按规定的路线、时间清运建筑垃圾的，责令改正，处五百元以上五千元以下的罚款……"责令（限期）改正与行政处罚并行适用的情形较为常见。

三、责令限期改正的程序

前置性的责令限期改正虽然没有像实施行政处罚一样设置有严格的程序，但它的作出也应当遵循一般的行政监督管理程序，即表明身份、进行现场检查、指出问题、听取当事人陈述或申辩、下达《责令限期改正通知书》、当事人签字确认，等等。作为一项管理手段，它也是行政机关作出的一项具体行政行为，当事人也同样享有法律救济的权利，如提起复议、诉讼等，所以必须在程序上做到规范。

四、责令改正的期限

在城市管理法律法规中一般都没有对责令改正的期限作出明确规定，根据"合法、合理"的法律原则，需要根据违法行为的性质和实际情况来确定一个合理的整改期限。比如临时性占道的，占道物的清除根据现场情况给予几个小时或者半天、一天等；比如大型户外广告的拆除，则要考虑实际情况，给予合理的自行拆除期限。

五、《责令限期改正通知书》的内容和制作要点

（1）文书编号。形式为：（地区简称）＋综执＋执法类别＋责改通字＋［年份］＋顺序号。

（2）当事人。填写当事人具体名称（是个人填写姓名）。

（3）违法行为。写明该违法行为的发生时间和行为方式。

（4）责令改正理由，即违法行为违反法律、法规的条款。也就是对违法行为定性的条款，而不是对违法行为处理的条款。

（5）改正的期限。责令改正违法行为可分为责令立即改正和责令限期改正两种情形。责令立即改正是针对不具有连续性和持续性的违法行为，实施完毕即行结束；责令限期改正是针对不限期改正会继续产生不良后果的违法行为，且改正这种行为需要一定期限。对于责令限期改正违法行为的，如果法律、法规、规章或规范性文件有规定的，从其规定；没有明确规定的，由执法部门根据具体情况而定。

（6）责令改正的内容及要求。如责令改正有具体内容要求的，可针对

当事人违法行为提出具体整改意见。

六、《责令限期改正通知书》文书样式

责令限期改正通知书

____责改通字〔 〕第 号

_____：

　　本机关于____年__月__日在_____发现你单位存在以下问题：_____，违反了_____的规定。

　　根据《中华人民共和国行政处罚法》第二十三条和_____的规定，现责令你（单位）在____年__月__日__时前改正。改正内容及要求如下：_____逾期不改正的，本机关将依法处理。

　　联系人：_____
　　电　话：_____
　　地　址：_____

行政执法机关名称（印章）
年　月　日

制作要求及注意事项：

1. 本文书适用于在行政处罚、行政检查等执法活动中责令当事人改正违法行为（包括责令改正、责令限期登记、限期改正、限期办理等）的情形。

2. 在文书中应对存在的问题作简要描述，包括违法行为发生的时间、地点、对象等情况。

3. 本文书一式二份，一份交当事人，一份由承办机构留存。

第六章　行政处罚事先告知

第一节　事先告知的内容

行政处罚事先告知书是综合行政执法部门办理的一般程序行政处罚案件，当事人违法事实清楚，案件证据确凿的，在作出行政处罚决定前，告知当事人作出行政处罚决定的事实、理由及依据，以及要求举行听证的权利时制作的法律文书。

行政处罚告知书的内容：一是处罚前的告知，依据《行政处罚法》第31、32条，在作出行政处罚决定前，应当告知当事人作出行政处罚决定的事实、理由及依据，并告知当事人依法享有陈述和申辩的权利。二是听证的告知，依据《行政处罚法》第42条，在作出责令停产停业、吊销许可证或者执照、较大数额罚款等行政处罚决定之前，应当告知当事人有要求举行听证的权利。

行政机关必须充分听取当事人的意见，对当事人提出的事实、理由和证据，应当进行复核；当事人提出的事实、理由和证据成立的，应当采纳，不得因当事人申辩而加重处罚。听证后，拟改变行政处罚决定的事实、理由、依据的，在作出处罚决定前，应当重新告知当事人，但可不再举行听证。

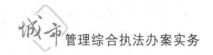

浙江省实施行政处罚适用听证程序较大数额罚款标准

（浙府法发〔2014〕10号）

系统名称	适用听证数额标准（单位：元）	
	组织/经营性活动	个人/非经营性活动
住建	50000	5000
环保	50000	5000
水利	80000	10000
工商	30000	3000
人防	40000	4000

第二节 事先告知的审批

一、事先告知的审批程序

1. 呈批。对调查终结的行政处罚案件，办案人员应当在《行政处罚事先告知审批表》中写明当事人情况、违法事实与证据、法律依据以及承办人处罚意见等，签署姓名、日期后呈报办案部门负责人审核。同时根据案件内容填写《案件调查终结报告》，一并进行报送。

2. 办案部门负责人审核。办案部门负责人应当签署处理意见，报本级综合执法机关法制部门审核。

3. 法制部门审核。法制部门对案件进行审核后，由负责审核的法制员签署处理意见，报县级以上综合执法机关负责人审批决定。

4. 综合执法机关负责人决定。对于情节复杂或者重大违法行为给予较重的行政处罚，综合执法机关的负责人应当集体讨论决定。

5. 办案人员应当在局领导审批同意的当天，开具《行政处罚事先告知书》，并在 7 日内送达当事人。

二、《行政处罚事先告知审批表》的制作要点

《行政处罚事先告知审批表》适用于作出《行政处罚事先告知书》前的内部审核程序，经局领导审批后，办案人员才可开具《行政处罚事先告知书》。制作要求：

1. 准确填写案由及案件来源。案由应写明案件反映的主要问题，其书写形式为：当事人名称＋具体违法行为＋案。案件来源应与立案审批表一致。

2. 当事人基本情况根据不同情况填写。当事人为法人或组织的，填单位名称、统一社会信用代码（组织机构代码证编号）、法定代表人或负责人姓名、职务等；当事人为公民的，填写姓名、性别、职业、身份证号码、工作单位等。其中，个人住址以户籍所在地为法定住址，有经常居住地的以经常居住地为其住址；单位住所以工商营业执照或民政等部门的登记材料上注明的地址为住所。

3. 认定的违法事实。应写明发生违法行为的时间、地点、情节、后果等违法事实的基本情况。

例如：当事人台州××××有限公司于 2017 年 1 月开始，在未取得《建设工程规划许可证》的情况下，擅自在××市××区××街道××村建设 1 幢厂房，钢架结构，层数为壹层，长 60 米、宽 18 米，计建筑面积 1056.00 平方米，属违法建设，建设工程造价为人民币××××元（￥×××元）。

4. 证据。当事人主体资格证明、法定代表人身份证明、受托人身份证明、授权委托书、现场检查（勘查）笔录、违法建设之现场照片及现状图、调查询问笔录、房产测绘成果、项目文件、建设用地规划许可证、国有土地使用证等。（证据一栏应当前后文一致）

5. 违反的法律、法规和规章及处罚依据。必须准确引用相关法律法规，对法条规定的条、款、项、目要引用完整。

6. 承办人意见：填写承办人对案件处罚的建议、签名及日期。

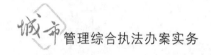

7. 承办单位（机构）意见：应有承办机构负责人同意或不同意的意见、签名及日期（需要法制机构审核的，应有法制机构审核意见）。

8. 局领导意见：应有局领导同意或不同意的审批意见、签名及日期。

三、《行政处罚事先告知审批表》文书样式

行政处罚事先告知审批表

案由					案件来源		
当事人基本情况	单位	名称			统一社会信用代码（组织机构代码证编号）		
		法定代表人（负责人）姓名			职务		
	个人	姓名		性别	出生年月		民族
		身份证号			工作单位		
		住所地（住址）			联系电话		
认定的违法事实							
证据							
违反的法律、法规和规章							

(续表)

处罚依据	
调查终结后承办人意见	签章：　　年　月　日
承办单位意见	签章：　　年　月　日
法制部门意见	签章：　　年　月　日
局领导意见	签章：　　年　月　日
备注	

第三节　《行政处罚事先告知书》的制作与送达

一、《行政处罚事先告知书》的制作要点

1. 首部。首部由标题、案号和当事人的基本情况三部分组成。标题通常分为两行，居中写明，一行为制作该执法文书的执法机关全称，另一行是执法文书的名称。案号为"行政区划简称＋执法机关简称＋先告（事先告知行为的简称）＋年份＋序号"，如"×综执罚先告字〔2017〕第 001 号"。当事人的基本情况分为两种：一是当事人为自然人的，写明其姓名。当事人为个体工商户的，以营业执照上登记的经营者为当事人；有字号的，

以营业执照上登记的字号为当事人,同时注明该字号经营者的基本信息。二是当事人是法人或其他组织的,应写明该法人或者其他组织的名称。当事人为两人以上的依次列明。

2. 正文。正文包括违法事实及证据,违反的法律条款,拟作出行政处罚的种类、幅度及法律依据,并告知当事人享有的陈述和申辩的权利、要求举行听证的权利及法定期限和相应的法律后果等内容。

(1) 违法事实及证据。违法事实主要包括违法行为发生的时间、地点、人物、经过、情节和后果等要素。对违法事实的描述应当完整、明确、客观,不得使用结论性语言。认定违法事实的证据要明确、具体,应当围绕违法行为逐一列举并进行分析,形成完整的证据链。

(2) 违反的法律条款。违反的法律条款即拟作出行政处罚的理由。处罚理由和处罚依据中引用的法律要规范,有关条款要准确、完整和具体,引用法律、法规、规章要写明全称,引用的法律条文要具体到条、款、项、目。

(3) 拟作出行政处罚的种类、幅度及法律依据告知当事人拟作出处罚的种类和幅度要具体、明确。罚款的数额应当按照法律规范的规定计算和表述,如"责令当事人限期拆除,并处建设工程造价8%的罚款,计人民币587500元整"。

这里的法律依据是指处罚依据,即承担法律责任所依据的具体法律条款,通常与处罚理由(违反的法律条款)对应。

(4) 告知当事人依法享有的权利。告知当事人享有陈述和申辩的权利及法定期限;拟作出较大数额罚款、没收较大数额财产、责令停产停业、吊销证照的行政处罚时,应当告知当事人享有听证权利及法定期限;同时,告知当事人逾期不行使权利应承担的法律后果。

3. 尾部。尾部包括成文单位的全称、印章、成文日期以及执法机关的地址、联系人、联系电话等内容。行政处罚事先告知书中注明加盖执法机关印章的地方,应当有执法机关署名并加盖印章,加盖印章应当清晰、端正。成文日期应当为综合行政执法部门负责人在《行政处罚事先告知审批表》中签署意见的日期,且使用阿拉伯数字书写。

二、《行政处罚事先告知书》文书样式

××市综合执法局
行政处罚事先告知书

×综执罚先告字〔2017〕第 001 号

夏××：

　　你户违法建设房屋一案，经调查和研究，本机关认为存在以下违法事实：

　　你户于 2012 年 5 月开始，在××市××区×街道×××小区 23 幢 5—6 号进行建设房屋，存在改变立面、超层、超面积等建设情况，该行为超出了批文许可范围。原批准建设 2 间四层楼，建筑面积 436.8 平方米；实际建设 2 间五层楼，砖混结构，实测地上建筑面积 572.28 平方米，超面积 135.48 平方米，另有地下室面积为 103.99 平方米。目前已竣工投入使用，工程造价为人民币 541016 元。上述行为违反了《中华人民共和国城乡规划法》第四十三条第一款的规定，现依据《中华人民共和国城乡规划法》第六十四条的规定，责令你户补办规划审批手续，拟给予如下行政处罚：

　　处工程造价 5% 的罚款，计人民币贰万柒仟零伍拾元捌角整（￥27050.8 元）。

　　根据《中华人民共和国行政处罚法》第三十一条、第三十二条、第四十二条的规定，如你单位对本机关上述认定的违法事实、处罚依据及处罚内容等有异议的，可在接到本通知书 3 日内提出书面陈述、申辩和要求举行听证。逾期未提出的，视为放弃上述权利，本机关将依法作出行政处罚决定。

××市综合行政执法局
2017 年 5 月 20 日

单位地址：××市××路 218 号　邮政编码：318×××
联系人：王××　孙××　联系电话：885×××××

三、送达《行政处罚事先告知书》

《行政处罚事先告知书》一式二份，一份附卷，一份送达当事人。送达告知书时，应当在《文书送达回证》中记明告知情况，由被告知人、告知人签字确认。被告知人拒绝签字的，告知人应当注明。

对违法行为事实清楚，证据确实充分，依法应当予以行政处罚，因当事人逃跑等原因无法履行告知义务的，综合执法机关可以采取公告方式予以告知。自公告之日起7日内，当事人未提出申辩的，可以依法作出行政处罚决定。

四、听取当事人的陈述、申辩

当事人有权陈述和申辩。对当事人提出的事实、理由和证据，综合执法机关应当进行复核。综合执法机关不得因当事人申辩而加重处罚。

五、未依法向当事人告知的法律后果

在作出行政处罚决定之前，不依法向当事人告知给予行政处罚的事实、理由和依据，或者拒绝听取当事人的陈述、申辩，行政处罚决定不能成立。当事人放弃陈述或者申辩权利的除外。

第七章　听　证

第一节　组织听证的程序

一、听证的条件

综合执法机关在作出下列行政处罚决定之前,当事人要求举行听证的,应当听证:

(1) 责令停产停业;
(2) 吊销许可证或者执照;
(3) 较大数额罚款;
(4) 作出的行政行为可能对当事人造成较大损益的;
(5) 法律、法规和规章规定当事人可以要求举行听证的其他情形。

二、听证权的告知

对适用听证程序的行政案件,办案部门在提出处罚意见后,应当由办案人员告知当事人拟作出行政处罚决定的事实、理由、依据,以及当事人有要求举行听证的权利,并在《行政处罚事先告知书回执》中记明,由被告知人、告知人签字确认。被告知人拒绝签字的,告知人应当注明。

三、听证的受理和决定

当事人要求听证的,应当在综合执法机关告知后 3 日内提出申请。当事人放弃听证或者撤回听证要求后，处罚决定做出前，又提出听证要求的，只要在听证申请有效期限内，应当允许。

综合执法机关收到听证申请后，应当在2日内决定是否受理：

（1）认为听证申请人的要求不符合听证条件，决定不予受理的，应当制作《不予受理听证通知书》，告知听证申请人。逾期不通知听证申请人的，视为受理。《不予受理听证通知书》一式两份，一份交申请人，一份附卷。

（2）认为符合听证条件的，综合执法机关受理听证后，应当在举行听证的7日前将《举行听证通知书》送达听证申请人，并将举行听证的时间、地点通知其他听证参加人。《举行听证通知书》一式两份，一份交被通知人，一份附卷。

四、听证的回避

听证主持人、听证员、书记员系下列人员之一的，应当回避，当事人有权以口头或者书面方式申请其回避：

（1）本案的调查人员；

（2）当事人或者本案调查人员的近亲属；

（3）与本案的处理结果有其他直接利害关系的人员。

听证员、书记员的回避由听证主持人决定，听证主持人的回避由行政机关负责人决定。

第二节 举 行 听 证

一、听证的准备

1. 听证由综合执法机关法制部门组织实施。综合执法机关依法以自己的名义作出行政处罚决定的，由该机关非本案调查人员组织听证。

2. 确定听证主持人。综合执法机关负责人应当指定听证主持人一名，负责组织听证。听证主持人指定记录员一名，负责制作《听证笔录》。必要时，听证主持人可以设听证员一至二名，协助听证主持人进行听证。本案调查人员不得担任听证主持人、听证员或者记录员。

听证主持人在听证活动中行使下列职权：

(1) 确定举行听证的时间、地点；

(2) 决定听证是否公开举行；

(3) 要求听证参加人到场参加听证，提供或者补充证据；

(4) 决定听证的延期、中止或者终止；

(5) 主持听证，并就案件的事实、理由、证据、程序、适用法律等组织质证和辩论；

(6) 维持听证秩序，对违反听证纪律的行为予以制止；

(7) 决定其他听证员、记录员的回避；

(8) 依法享有的其他职权。

3. 通知听证参加人。听证参加人包括：

(1) 当事人及其代理人。当事人在听证活动中享有下列权利：申请回避；委托一至二人代理参加听证；进行陈述、申辩和质证；核对、补正听证笔录；依法享有的其他权利。

(2) 本案办案人员。

(3) 证人、鉴定人、翻译人员。

(4) 第三人。与听证案件处理结果有直接利害关系的其他公民、法人或者其他组织，作为第三人申请参加听证的，应当允许。为查明案情，必要时，听证主持人也可以通知其参加听证。

4. 确定听证时间。听证应当在综合执法机关收到听证申请之日起10日内举行。听证申请人不能按期参加听证的，可以申请延期，是否准许，由听证主持人决定。

5. 决定听证方式。除涉及国家秘密、商业秘密、个人隐私的行政案件外，听证应当公开举行。两个以上当事人分别对同一行政案件提出听证要求的，可以合并举行。同一行政案件中有两个以上当事人，其中部分当事人提出听证申请的，应当在听证举行后一并决定。

二、听证的基本流程

1. 开始听证。听证开始时，听证主持人核对听证参加人；宣布案由；宣布听证员、记录员和翻译人员名单；告知当事人在听证中的权利和义务；询问当事人是否提出回避申请；对不公开听证的行政案件，宣布不公开听证的理由。

2. 办案人员陈述。听证开始后，首先由办案人员提出听证申请人违法的事实、证据和法律依据及行政处罚意见；当场出示证据，宣读证人证言、鉴定意见、勘验笔录和其他作为证据的文书。

3. 听证申请人申辩。听证申请人可以就办案人员提出的违法事实、证据和法律依据以及行政处罚意见进行陈述、申辩和质证，并可以提出新的证据。听证人员应当全面听取当事人的陈述和申辩。

听证过程中，当事人及其代理人有权申请通知新的证人到会作证、调取新的证据。对上述申请，听证主持人应当当场作出是否同意的决定。对申请重新鉴定的，依照相关规定办理。

4. 第三人陈述。第三人可以陈述事实，提出新的证据。

5. 辩论。听证申请人、第三人和办案人员应当围绕案件的事实、证据、程序、适用法律、处罚种类和幅度等问题进行辩论。

6. 最后陈述。辩论结束后，听证主持人应当听取听证申请人、第三人、办案人员各方最后陈述意见。

7. 中止听证。听证过程中，遇有下列情形之一，听证主持人可以中止听证：

（1）当事人死亡或者解散，需要等待权利义务继承人的；

（2）当事人或者案件调查人员因不可抗力事件，不能参加听证的；

（3）需要通知新的证人到会、调取新的证据或者需要重新鉴定或者勘验的；

（4）因当事人提出回避申请，致使听证不能继续进行的；

（5）其他需要中止听证的。

中止听证的情形消除后，听证主持人应当及时恢复听证。

8. 终结听证。听证过程中，遇有下列情形之一，应当终结听证：

（1）当事人死亡或者解散满3个月后，未确定权利义务继承人的；

（2）当事人撤回听证申请的；

（3）当事人及其代理人无正当理由拒不出席或者未经听证主持人许可中途退出听证的；

（4）听证过程中，当事人或者其代理人扰乱听证秩序，不听劝阻，致使听证不能正常进行的；

（5）其他需要终结听证的。

9. 听证纪律。听证参加人和旁听人员应当遵守听证会场纪律。对违反听证会场纪律的，听证主持人应当警告制止；对不听制止，干扰听证正常进行的旁听人员，责令其退场。

三、制作《听证笔录》

记录员应当将举行听证的情况记入《听证笔录》。

1.《听证笔录》应当载明的内容

（1）举行听证的内容和目的；

（2）介绍和核实听证参加人的姓名和身份；

（3）告知当事人、委托代理人和其他听证参加人依法享有的权利，宣布听证的纪律；

（4）案件调查人员陈述当事人违法的事实、证据和处罚依据及处罚建议；

（5）当事人对案件涉及的事实、证据等进行陈述、申辩的内容；

（6）案件调查人员和当事人双方质证、辩论的内容和证据；

（7）当事人的最后陈述意见；

（8）当事人、委托代理人和其他人员应逐页签名（盖章或捺指印）确认笔录内容并注明日期，有修改的，应由其在修改处签名（盖章或捺指印）确认，在笔录的尾页应有其最终确认意见。

2. 其他应注意的事项

（1）《听证笔录》应当交听证申请人阅读或者向其宣读。《听证笔录》中的证人陈述部分，应当交证人阅读或者向其宣读。听证申请人或者证人认为《听证笔录》有误的，可以请求补充或者改正。听证申请人或者证人核对无误后签名或者捺指印。拒绝签名和捺指印的，由记录员在《听证笔录》中记明情况。

(2)《听证笔录》经听证主持人审阅后，由听证主持人、听证员和记录员签名。

3.《听证笔录》范文（所涉人员、名称等均为化名）

行政处罚听证笔录

案由：××市××专科学校取得建设工程规划许可证建设案

时间：<u>2017</u>年<u>9</u>月<u>4</u>日<u>15</u>时<u>00</u>分至<u>15</u>时<u>40</u>分

地点：<u>市综合行政执法局一楼会议室</u>

主持人：<u>陈×</u>　职务：<u>××市综合行政执法局法制部门科长</u>

听证员：<u>王×</u>　职务：<u>××市综合行政执法局法制部门副科长</u>
　　　　<u>蔡×</u>　职务：<u>××市综合行政执法局法制部门工作人员</u>

书记员：<u>郑×</u>　职务：<u>××市综合行政执法局法制部门工作人员</u>
　　　　<u>叶×</u>　职务：<u>××市综合行政执法局办公室工作人员</u>

案件调查人员：<u>曾×</u>　执法证号：<u>原0905091506××××（现090564201705××××）</u>；<u>麻×</u>　执法证号：<u>原0905091506××××（现090564201705××××）</u>

当事人：<u>××市××专科学校</u>　负责人：<u>莫×</u>

住所地：<u>××市××街道三星大道232弄69号</u>

委托代理人1：<u>沈×</u>　工作单位：<u>浙江××律师事务所</u>

委托权限：<u>特别授权</u>

委托代理人2：<u>葛×</u>　工作单位：<u>浙江××律师事务所</u>

委托权限：<u>特别授权</u>

听证记录：

书记员：依据《中华人民共和国行政处罚法》第四十二条的规定，应××市××专科学校申请，今天，××市综合行政执法局在这里举行××市××专科学校未取得建设工程规划许可证建设案件行政处罚听证会。

第七章 听 证

（续）

现在根据《浙江省行政处罚听证程序实施办法》第十七条之规定，查明听证各方参加人员到会情况。

问：案件调查人员曾×、麻×是否到会？

答：已到会。

问：当事人及其代理人是否到会？

答：代理人已到会。

书记员：听证参加人员均已到会，现在宣布听证会纪律：

1. 服从听证主持人的指挥，未经听证主持人允许不得发言、提问；

2. 未经听证主持人允许不得录音、录像和摄影；

3. 听证参加人未经听证主持人允许不得退场；

4. 旁听人员不得大声喧哗，不得鼓掌、哄闹或者进行其他妨碍听证秩序的活动。

对违反以上听证会纪律的，听证主持人有权予以制止；情节严重的，责令其退场。

书记员：现在告知当事人在听证中的权利和义务：

1. 有权对案件涉及的事实、适用法律及有关情况进行陈述和申辩；

2. 有权对案件调查人员提出的证据进行质证并提出新的证据；

3. 如实陈述案件事实和回答听证主持人的提问；

4. 遵守听证会场纪律，服从听证主持人指挥。

书记员：听证会各方参加人员均已到会，现在请主持人主持听证。

主持人：当事人××市××专科学校因对其未取得建设工程规划许可证建设一案之拟行政处罚决定不服，向本局提出行政处罚听证申请，经审核符合听证条件。依据《中华人民共和国行政处罚法》第四十二条、《浙江省行政处罚听证程序实施办法》的有关规定，今天在这里公开举行行政处罚听证会。听证会现在开始。

主持人：根据《浙江省行政处罚听证程序实施办法》第五条之规定，本案听证会由市综合执法局负责人指定本局法制部门科长陈×担任听证主持人，指定法制部门王×、蔡×担任听证员，由法制部门郑×、办公室叶×担任听证书记员。

(续)

主持人:根据《浙江省行政处罚听证程序实施办法》第六条之规定,听证主持人、听证员、书记员有下列情形之一的,应当回避:

1. 本案的调查人员;
2. 当事人或者本案调查人员的近亲属;
3. 与本案的处理结果有其他直接利害关系的人员。

请问委托代理人,你们是否需要对听证主持人、听证员以及书记员申请回避?

答:不需要回避。

主持人:现在核对案件调查人员身份。

本案调查人员,请介绍一下你们的身份。

案件调查人员曾×:本人曾×,在办理这个案件时,我担任直属中队指导员,执法证号为0905091506××××;现在我已经调到第二中队,担任中队长一职,我的执法证已经在今年的5月18日更换了,现在是090564201705××××。

案件调查人员麻×:本人麻×,是直属中队的一名工作人员,在办理这个案件时,我的执法证号为0905091506××××;由于今年5月18号执法证换证,现证号为090564201705××××。

主持人:下面请代理人介绍一下你们的身份。

委托代理人1:沈×,浙江××律师事务所律师,特别授权。

委托代理人2:葛×,浙江××律师事务所律师,特别授权。

主持人:以上人员符合参加本次听证会。

主持人:请案件调查人提出本案当事人违法的事实和证据以及对当事人的处罚建议和处罚依据进行陈述和说明。

案件调查人员曾×:××市××专科学校从2007年开始,未取得《建设工程规划许可证》在校区内建设一幢一层沿街平房、一幢四层实验楼、西侧连廊三处建筑;其中一层沿街平房于2007年动工,至2008年完工,占地、建筑面积250平方米;河边四层实验楼于2009年3月动工,至2011年11月完工,计占地面积1003.05平方米,建筑面积3644.95平方米,建设工程造价770元/平方米;校内西侧连廊于2012年

第七章 听 证

（续）

初动工，至2012年8月完工，系该校扩建项目之外新建的建筑物，计占地面积331.63平方米，建筑面积544.78平方米，建设工程造价770元/平方米。上述违法事实违反了《中华人民共和国城乡规划法》第四十条第一款、《浙江省城乡规划条例》第三十六条之规定。以上事实，我们有下列证据，分别是：1. 现场检查（勘查）笔录、图片证据、违法建设定位图；2. 1997年××市××职业学校建设用地规划定点红线图、1997年××市××职业学校总平面图、1995年××市××职业学校建设工程规划定位图；3. 2008年××市××专科学校扩建项目总平面；4. 调查询问笔录；5. 房屋面积测绘成果书；6. ××市城市管理行政执法局函及××市水利局的复函；7. ××市城市管理行政执法局函、××市住房和城乡建设规划局复函。

根据《中华人民共和国城乡规划法》第六十四条、《浙江省城乡规划条例》第五十九条之规定，拟给予如下行政处罚：

1. 自行拆除坐落在校区内的一幢沿街一层平房，计建筑面积250平方米；

2. 自行拆除坐落在校区内的一幢四层实验楼，计建筑面积3644.95平方米，及校内西侧的连廊，计建筑面积544.78平方米，恢复原状，并处建设工程造价10%的罚款，计人民币叁拾贰万贰仟陆佰零玖元整。

主持人： 下面请委托代理人就本案事实进行陈述辩解。

委托代理人： 我们在陈述前需要看一下刚才调查人员提出的证据。从本案证据来看，听证后要作出处罚、复议、诉讼。本案处罚对象是××专科学校，建造的主体原是××市××职业学校，可见当时建造的主体不是当前的主体，××市××职业学校建造时间是2004年，之前是××市××分校，此违章建筑的时间不对，应该是××市××分校或者是××市××职业学校建造的。本案需要确定主体事实，你们是否有其他证据能证明主体是××市××专科学校，调查证据里面有三处违章建筑，你们分别确定了三个建造时间，是否属于信访户编造的时间。至于其他的证据，水利、住建的函件往来，我们没有异议。其中1995年建筑工程定位图中不属于××市××专科学校，这时间是××市××分校的建校时间，

（续）

所以你们的处罚对象应该是××市××分校,而不是××市××专科学校。我只是陈述事实,明确建造时间是否有讲明,具体违法建筑主体,因为之前还有两个学校,目前是××市××专科学校,所以从证据来看,目前处罚证据不充足。

主持人:你们有没有证据需要提供?

委托代理人:我们没有证据需要提供,我们只是同你们讲一下。你们作出处罚的幅度定为10‰,法律规定是5‰—10‰,为什么你们现在用最高值10‰来处罚?我们认为处罚额度偏高,难道是因为信访件的原因?

主持人:当事人,请问你们对案件事实、质证等还有无其他补充?

委托代理人:对于本案的调查笔录,无被调查人员。无法证明拟作出处罚主体。部门之前的函件往来的真实性,我们不作否定,这个不可能造假,但这些函件不一定与本案有关联。建造的主体不是××市××专科学校,而是××市××职业学校。建造的时间不是××市××专科学校的建校时间,基于以上的事实,我们认为证据不充足,虽然违法事实存在,但不一定要进行处罚。综上所述,告知事实以及拟作出处罚的条件不成立,除非有新的证据出现。

主持人:下面请案件调查人员作最后陈述。

案件调查人员曾×:我们认为,××市××专科学校未取得建设工程规划许可证进行建设一案,认定的处罚主体适格、查明的事实清楚、获取的证据有效、办理的程序合法、适用法律依据准确。××市××专科学校未取得建设工程规划许可证擅自进行建设的行为违反了《中华人民共和国城乡规划法》第四十条第一款、《浙江省城乡规划条例》第三十六条之规定,根据《中华人民共和国城乡规划法》第六十四条、《浙江省城乡规划条例》第五十九条之规定,拟给予××市××专科学校如下行政处罚:

1. 自行拆除坐落在校区内的一幢沿街一层平房,计建筑面积250平方米;

2. 自行拆除坐落在校区内的一幢四层实验楼,计建筑面积3644.95平方米,及校内西侧的连廊,计建筑面积544.78平方米,恢复原状,并处建设工程造价10‰的罚款,计人民币叁拾贰万贰仟陆佰零玖元整。

（续）

> 主持人：下面请委托代理人作最后陈述。
>
> 委托代理人：刚才听取了调查人员的最后陈述，对于调查事实、程序、适用法律，我所知道的适用法律处罚幅度5%—10%，本案在调查事实部分没有调查到位，可能是调查难度大，你们没有提出××市××专科学校的成立时间，调查的主体你们要到位。还有你们测绘中3644.95平方米，其中测绘数据来源于是哪家测绘机构；程序是否到位，我们目前没有看到，包括适用的法律，最后一点我要讲的是，对于案件的事实、程序、适用法律等方面，在作出处罚时你们要再考虑一下。
>
> 主持人：听证会到此结束。听证员将根据本次听证会情况作出听证报告。旁听人员可以退场。请参加听证各方审核听证笔录并签字。
>
> 委托代理人：_____　　　年　月　日
> 　　　　　　_____　　　年　月　日
> 案件调查人：_____　　　年　月　日
> 　　　　　　_____　　　年　月　日
> 主持人：　　_____　　　年　月　日
> 听证员：　　_____　　　年　月　日
> 　　　　　　_____　　　年　月　日

第三节　听证后处理

一、制作《听证报告》

听证结束后，听证主持人应当写出《听证报告》，连同《听证笔录》一并报送综合执法机关负责人。

二、《听证报告》制作要求及注意事项

1.《听证报告》适用于听证结束后对有关听证情况和处理意见进行报

告的情形;

2. 案件事实部分应简明扼要,能客观反映案件情况;

3. 听证基本情况部分应重点载明案件调查人对案件事实认定、相关证据、理由以及处理意见,当事人或委托代理人的陈述、申辩等情况;

4. 处理意见部分应重点围绕案件事实是否清楚、证据是否确凿、程序是否合法、适用法律是否正确展开论述,并提出明确的处理意见;

5. 听证笔录应作为听证报告附件。

三、综合执法机关负责人应当根据听证情况,依法作出处理决定

综合执法机关不得因当事人提出听证要求而加重处罚。

四、《听证报告》范文

听 证 报 告

案件名称:××市××专科学校未取得建设工程规划许可证建设案

案号:×综执罚听字〔2017〕第×号

听证时间:2017年9月4日15时00分至15时40分

听证地点:××市综合行政执法局一楼会议室　听证方式:公开

听证主持人:陈×　听证员:王×、蔡×

记录人:郑×、叶×

听证申请人:××市××专科学校　法定代表人(负责人):莫×

委托代理人:沈×、葛×

案件调查人:曾×、麻×　工作单位:××市综合行政执法局

听证会基本情况:根据《中华人民共和国行政处罚法》《浙江省行政处罚听证程序实施办法》的规定,应当事人××市××专科学校的申请,就本局拟责令当事人××市××专科学校自行拆除校区内三处违法建筑

第七章 听证

（续）

并处罚款的决定一案举行听证。

听证会按照《浙江省行政处罚听证程序实施办法》规定的程序进行：

（一）书记员清点会议参加人员、宣读听证会场纪律及委托代理人的权利义务

（二）听证主持人介绍主持人、听证员、书记员，当事人的委托代理人未提出回避申请，听证主持人在核对委托代理人及案件调查人员身份后宣布听证会开始

（三）案件调查人员提出当事人违法的事实、证据、行政处罚建议及处罚依据：当事人××市××专科学校从2007年开始，未取得《建设工程规划许可证》在校区内建设一幢一层沿街平房、一幢四层实验楼、西侧连廊三处建筑：其中一层沿街平房于2007年动工，至2008年完工，占地、建筑面积250平方米；河边四层实验楼于2009年3月动工，至2011年11月完工，计占地面积1003.05平方米，建筑面积3644.95平方米，建设工程造价770元/平方米；校内西侧连廊于2012年初动工，至2012年8月完工，系该校扩建项目之外新建的建筑物，计占地面积331.63平方米，建筑面积544.78平方米，建设工程造价770元/平方米。上述违法事实有以下证据证实：1. 现场检查（勘查）笔录、图片证据、违法建设定位图；2. 1997年××市××职业学校建设用地规划定点红线图、1997年××市××职业学校总平面图、1995年××市××职业学校建设工程规划定位图；3. 2008年××市××专科学校扩建项目总平面；4. 调查询问笔录；5. 房屋面积测绘成果书；6. ××市城市管理行政执法局函及××市水利局的复函；7. ××市城市管理行政执法局函、××市住房和城乡建设规划局复函等。根据以上违法事实和证据材料，当事人××市××专科学校的行为已违反了《中华人民共和国城乡规划法》第四十条第一款、《浙江省城乡规划条例》第三十六条之规定，拟责令当事人××市××专科学校：1. 自行拆除一幢沿街一层平顶，计建筑面积250平方米，并恢复原状；2. 自行拆除坐落在校区内的一幢4层实验楼，计建筑面积3644.95平方米，及校区西侧连廊部分计建筑面积544.78平方

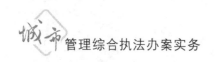

（续）

米，恢复原状。并处建设工程造价百分之十的罚款，计人民币叁拾贰万贰仟陆佰零玖元整。

（四）当事人的委托代理人就案件事实进行了陈述、辩解和质证：行政处罚告知书中的行政相对人不适格，认定事实不清楚。本案处罚的行政相对人是××市××专科学校，而该校历经××市××分校、××市××职业学校、××市××专科学校三所学校办校，需明确违建的建造时间才能确定违建的建造主体。而对于本案中认定的三处违建的建造时间存疑，可能属于信访户编造的时间，仅凭证人证言证据不充分。此外对自由裁量的处罚幅度存疑，本案对于并处罚款均按照建设工程造价百分之十的标准，属于《中华人民共和共城乡规划法》第六十四条、《浙江省城乡规划条例》第五十九条规定的顶格标准，处罚幅度偏高。

（五）听证主持人听取双方的最后陈述：调查人员认为该案事实清楚、证据充分、程序合法，拟给予××市××专科学校如下行政处罚：

1. 自行拆除坐落在校区内的一幢沿街一层平房，计占地、建筑面积250平方米；

2. 自行拆除坐落在校区内的一幢四层实验楼，计建筑面积3644.95平方米，及校内西侧的连廊，计建筑面积544.78平方米，恢复原状，并处建设工程造价10%的罚款，计人民币叁拾贰万贰仟陆佰零玖元整。

（六）委托代理人认为本案事实不清、程序是否到位存疑、适用法律是否准确存疑。

（七）听证主持人宣布听证结束，听证笔录经听证参加人核对无误后签字确认。

案件事实：当事人××市××专科学校从2007年开始，未取得《建设工程规划许可证》在校区内建设一幢一层沿街平房、一幢四层实验楼、西侧连廊三处建筑：其中一层沿街平房于2007年动工，至2008年完工，占地、建筑面积250平方米；河边四层实验楼于2009年3月动工，至2011年11月完工，计占地面积1003.05平方米，建筑面积3644.95平方米，建设工程造价770元/平方米；校内西侧连廊于2012年初动工，至

第七章 听 证

（续）

2012年8月完工，系该校扩建项目之外新建的建筑物，计占地面积331.63平方米，建筑面积544.78平方米，建设工程造价770元/平方米。

处理意见及建议：根据听证笔录及现场听证情况经审查，××市××专科学校一案当事人未取得建设工程规划许可证建设的事实基本清楚，程序合法，适用法律法规正确。但本案行政相对人的主体资格需进一步明确，违建的建造时间也需进一步调查补证，待经办机构补充证据后本案将提交局务会议讨论决定。

听证主持人：_____

听证员：_____

年 月 日

第八章 行政处罚的决定

第一节 行政处罚决定的条件与原则

一、作出行政处罚决定的条件

1. 综合执法机关在办理行政案件中应当查明违法事实；违法事实不清的，不得作出行政处罚决定。

2. 当事人不讲真实姓名、住址、身份不明的，可提请公安机关协助确认当事人的身份，根据公安机关确认的身份作为当事人的准确身份；如公安机关无法明确的，只要违法事实清楚，证据确实充分的，可以按其自报的姓名、贴附照片作出处罚决定，并在相关法律文书中注明。

二、行政处罚案件的几种处理情况

综合执法机关根据行政案件的不同情况分别作出如下处理决定：

（1）确有违法行为，应当给予行政处罚的，根据其情节和危害后果的轻重，作出行政处罚决定。

（2）确有违法行为，但有依法不予行政处罚情形的，作出不予行政处罚决定；有违法所得和非法财物的，应当予以没收或者收缴。

（3）违法事实不能成立的，作出不予处罚决定。

（4）违法行为涉嫌构成犯罪的，依法移送有权处理的主管机关、部门办理。综合执法机关已经作出行政处理决定的，应当附卷。

(5) 发现违法行为人有其他违法行为的,在依法作出行政处罚或者其他行政处理决定的同时,通知有关行政主管部门处理。

(6) 禁止重复罚款。对违法行为人的同一个违法行为,不得给予两次以上罚款的行政处罚。

(7) 分别决定,合并执行。一人有两种以上违法行为的,分别决定,合并执行,可以制作一份决定书,分别写明对每种违法行为的处理内容和合并执行的内容。一人只有一种违法行为,依法应当并处两个以上处罚种类且涉及两个处罚主体的,应当分别制作行政处罚决定书。一个案件有多个违法行为人的,分别决定,可以制作一式多份决定书,写明给予每个人的处理决定,分别送达每一个违法行为人。

(8) 责令改正违法行为。综合执法机关实施行政处罚时,应当责令违法行为人改正或者限期改正违法行为。

三、办案期限

(1) 综合执法机关办理一般案件的期限,应当自立案之日起60日内作出处罚决定;案情复杂,不能在规定期限内作出处理决定的,经行政机关负责人批准,可以延长30日;案情特别复杂,经延期仍不能作出处理决定的,应当由集体讨论决定是否继续延期。

(2) 其他行政案件的办案期限。其他行政案件,有法定办案期限的,按照法定期限办理。

(3) 不计入办案期限的情形。案件处理过程中送达、听证、公告和鉴定等时间不计入前文所指的案件办理期限。

第二节 行政处罚决定的审批

一、审核、审批内容

对行政案件进行审核、审批时,应当审查下列内容:

(1) 当事人的基本情况;

(2) 案件事实是否清楚,证据是否确实充分;

（3）案件定性是否准确；

（4）适用法律、法规和规章是否正确；

（5）办案程序是否合法；

（6）拟作出的处理决定是否适当。

二、审核、审批程序

1. 呈批。对准备提请行政处罚的案件，办案人员应当在《行政处罚决定审批表》中写明当事人情况、违法事实与证据、法律依据以及承办人处罚意见等，并签署姓名、日期后呈报办案部门负责人审核。

2. 办案部门负责人审核。办案部门负责人应当签署处理意见，报本级综合执法机关法制部门审核。

3. 法制部门审核。法制部门审核后，报县级以上综合执法机关负责人审批决定。

4. 综合执法机关负责人决定。

三、《行政处罚决定审批表》制作要点

《行政处罚决定审批表》适用于作出《行政处罚决定书》前的内部审核程序，经局领导审批后，办案人员方可开具《行政处罚决定书》。《行政处罚决定审批表》的制作要求如下：

1. 准确填写案由及案件来源。案由应写明案件反映的主要问题，其书写形式为：当事人名称＋具体违法行为＋案。案件来源应与立案审批表一致。

2. 当事人基本情况根据不同情况填写。当事人为法人或组织的，填单位名称、统一社会信用代码（组织机构代码证编号）、法定代表人或负责人姓名、职务等；当事人为公民的，填写姓名、性别、职业、身份证号码、工作单位等。其中，个人住址以户籍所在地为法定住址，有经常居住地的以经常居住地为其住址；单位住所以工商营业执照或民政等部门的登记材料上注明的地址为住所。

3. 认定的违法事实。应写明发生违法行为的时间、地点、情节、后果等违法事实的基本情况。

例如：当事人台州××××有限公司于2017年1月开始，在未取得《建设工程规划许可证》的情况下，擅自在××市××区××街道××村建设1幢厂房，钢架结构，层数为1层，长60米、宽18米，计建筑面积1056.00平方米，属违法建设，建设工程造价为人民币××××元（¥××××元）。

4. 证据。当事人主体资格证明、法定代表人身份证明、受托人身份证明、授权委托书、现场检查（勘查）笔录、违法建设之现场照片及现状图、调查询问笔录、房产测绘成果、项目文件、建设用地规划许可证、国有土地使用证等。（证据一栏应当前后文一致）

5. 违反的法律、法规和规章及处罚依据。必须准确引用相关法律法规，对法条规定的条、款、项、目要引用完整。

6. 承办人意见。填写承办人对案件处罚的建议、签名及日期。

7. 承办单位（机构）意见。应有承办机构负责人同意或不同意的意见、签名及日期（需要法制机构审核的，应有法制机构审核意见）。

8. 局领导意见。应有局领导同意或不同意的审批意见、签名及日期。

四、《行政处罚决定审批表》文书样式

行政处罚决定审批表

案由				案件来源		
当事人基本情况	单位	名称		统一社会信用代码（组织机构代码证编号）		
		法定代表人（负责人）姓名		职务		
	个人	姓名		性别	出生年月	民族
		身份证号		工作单位		
		住所地（住址）		联系电话		

（续表）

认定的违法事实	
证据	
违反的法律、法规和规章	
处罚依据	
调查终结后承办人意见	签章：　　　年　月　日
承办单位意见	签章：　　　年　月　日
法制部门意见	签章：　　　年　月　日
局领导意见	签章：　　　年　月　日
备注	

第三节　《行政处罚决定书》的制作与送达

一、《行政处罚决定书》的制作要点

1. 首部。首部由标题、案号和当事人的基本情况三部分组成。标题通常分为两行，居中写明，一行为制作该执法文书的执法机关全称，另一行

是执法文书的名称。案号为"行政区划简称＋执法机关简称＋决字（行政处罚决定的简称）＋年份＋序号",如X综执罚决字〔2017〕第001号。当事人的基本情况一般分为两种:一是当事人为自然人的,写明其姓名。当事人为个体工商户的,以营业执照上登记的经营者为当事人;有字号的,以营业执照上登记的字号为当事人,同时注明该字号经营者的基本信息。二是当事人是法人或其他组织的,应写明该法人或者其他组织的名称。当事人为两人以上的依次列明。

2. 正文。正文包括违法事实及证据,违反的法律条款、决定给予行政处罚的种类、幅度及法律依据,以及当事人不服行政处罚决定,申请行政复议或提起行政诉讼的途径和期限。

（1）违法事实及证据。违法事实主要包括违法行为发生的时间、地点、人物、经过、情节和后果等要素。对违法事实的描述应当完整、明确、客观,不得使用结论性语言。认定违法事实的证据要明确、具体,应当围绕违法行为逐一列举并进行分析,形成完整的证据链。叙述一般应当按照事件发生的时间顺序客观、全面、真实地反映案情,并抓住重点,详述主要情节和因果关系。对影响自由裁量的从重或者符合从轻、减轻处罚等情形,执法人员也应当写明。

（2）违反的法律条款。违反的法律条款即作出行政处罚的理由。处罚理由和处罚依据中引用的法律要规范,有关条款要准确、完整和具体,引用法律、法规、规章要写明全称,引用的法律条文要具体到条、款、项、目。

（3）作出行政处罚的种类、幅度及法律依据。对当事人作出行政处罚的种类和幅度要具体、明确。罚款的数额应当按照法律规范的规定计算和表述,如"责令当事人限期拆除,并处建设工程造价8%的罚款,计人民币587500元整"。

这里的法律依据是指处罚依据,即承担法律责任的具体法律条款,通常与处罚理由（违反的法律条款）对应。

3. 尾部。尾部主要是行政处罚的履行方式和期限,同时表述逾期不履行的法律后果,告知当事人不服行政处罚的救济途径时要写明复议机关和诉讼法院的具体名称（地址）,复议、诉讼的期限,及成文单位的全称、印章、成文日期等内容。《行政处罚决定书》中注明加盖执法机关印章的地方，应当有执法机关署名并加盖印章，加盖印章应当清晰、端正。成文日期应当为综合行政执法部门负责人在《行政处罚决定审批表》中签署意见的日期，且使用阿拉伯数字书写。

二、《行政处罚决定书》文书样式

××市综合执法局××分局
行政处罚决定书

×综执罚决字〔2017〕第160××号

被处罚人：××市××天然气有限公司

法定代表人：李××

统一社会信用代码：913310045705×××××

住所：××市××区××镇××路100号

根据上级交办，本机关对被处罚人××市××天然气有限公司涉嫌违反城镇燃气管理规定行为进行查处，于2016年9月6日依法予以立案，指派执法人员孙××、管××承办。通过现场勘查、询问相关当事人、调取相关书证等，对被处罚人的违法行为进行全面调查。2016年9月13日、10月25日，本机关依法责令被处罚人停止违法行为。同年12月21日，本机关依法向被处罚人送达了×城执罚先告字〔2016〕第160××号《行政处罚事先告知书》，告知被处罚人作出行政处罚的事实、理由、依据及依法享有的权利，被处罚人在法定期限内未提出陈述、申辩和听证要求。

经查，被处罚人××市××天然气有限公司于2011年3月4日成立，住所地为××市××区××镇××路100号，主要从事液化天然气批发、零售业务，2011年取得危险化学品经营许可证，但成立至案发时未取得燃气经营许可证。被处罚人为了牟利，从2015年3月开始至2016

（续）

年8月，在未取得燃气经营许可证的情况下，从××石油气电集团有限责任公司浙江贸易分公司和××石油福建新能源有限公司等购入液化天然气后，委托××市××公铁物流有限公司组织车辆运输至××市××区、××市境内，销售给当地企业浙江×××橡塑有限公司、浙江××树脂有限公司作为工业生产燃料使用，从中赚取差价。期间，被处罚人销售上述燃气共计约277870立方米，销售金额共计人民币约1115353元，赚取利润共计人民币约83361元。

上述事实有以下证据予以证实：

1. 被处罚人的营业执照、危险化学品经营许可证，李××的询问笔录，××市住房和城乡建设局便函（X建便函[2016]101号），证实了被处罚人主要从事液化天然气批发、零售业务，但未取得燃气经营许可证。

2. 被处罚人提供的福建增值税专用发票复印件（共一份），李×甲的询问笔录，证实了被处罚人从××石油气电集团有限责任公司浙江贸易分公司和××石油福建新能源有限公司购入用于销售的液化天然气的事实。

3. 执法人员2016年11月1日15时23分在××市××区××街道××路9号拍摄的照片，证实了被处罚人将购入的液化天然气储存在浙江××××气体有限公司罐区的事实。

4. 洪××的询问笔录，尤××的询问笔录，浙江×××橡塑有限公司和被处罚人签订的天然气供应合同复印件，浙江×××橡塑有限公司提供的浙江增值税专用发票复印件（共十三份），证实了2015年9月至2016年8月期间，浙江×××橡塑有限公司向被处罚人购买液化天然气（由被处罚人提供并安装储气罐、汽化器等燃气设施），用作工业生产燃料，并已支付相应款项的事实。

5. 现场勘查笔录，执法人员在浙江×××橡塑有限公司厂区拍摄的照片，证实了当时浙江×××橡塑有限公司生产情况，被处罚人为其公司提供安装的汽化器等燃气设施的设置情况，以及液化天然气作为工业生产燃料使用的情况。

（续）

6. 陈××的询问笔录，被处罚人提供的浙江增值税专用发票复印件（共六份），证实了2015年3月至2016年7月期间，浙江××树脂有限公司向被处罚人购买液化天然气，用作工业生产燃料，并已支付相应款项的事实。

7. 朱××的询问笔录，李×乙的询问笔录，××市××公铁物流有限公司提供的道路运输经营许可证、浙J9876挂重型集装箱半挂车的道路运输证，证实了上述期间被处罚人委托××市××公铁物流有限公司为其运输液化天然气至浙江×××橡塑有限公司、浙江××树脂有限公司厂区的事实。

8. 李×丙的询问笔录，证实了被处罚人为了牟利，从2015年3月开始至2016年8月，在未取得燃气经营许可证的情况下，从××石油气电集团有限责任公司浙江贸易分公司和××石油福建新能源有限公司等购入液化天然气后，委托××市××公铁物流有限公司组织车辆运输至××市××区、××市境内，销售给当地企业浙江×××橡塑有限公司（椒江）、浙江××树脂有限公司作为工业生产燃料使用，从中赚取差价。期间，被处罚人销售上述燃气共计约277870立方米，销售金额共计人民币约1115353元，赚取利润共计人民币约83361元。

用于证明上述事实的其他证据还有相关函件，以及营业执照、授权委托书、身份证、机动车驾驶证和行驶证复印件等证明材料。

本机关认为，被处罚人作为危险化学品经营单位，应当知道城镇燃气管理相关规定。被处罚人在未取得燃气经营许可证的情况下，向工业企业销售大量作为燃料使用的液化天然气，从中赚取利润，破坏了城镇燃气正常管理秩序，存在安全隐患。其行为违反了《城镇燃气管理条例》第十五条第一款的规定，已构成未取得燃气经营许可证从事燃气经营活动。现根据《城镇燃气管理条例》第四十五条第一款的规定，决定对被处罚人作出如下行政处罚：

1. 罚款人民币贰拾万元整；
2. 没收违法所得人民币捌万叁仟叁佰陆拾壹元。

(续)

> 被处罚人应于接到本决定书之日起 15 日内将罚没款缴至××市银行、浙江××商业银行、××农村合作银行××各网点，户名：××区财政局非税收入待清算专户。逾期不缴纳罚款的，依据《中华人民共和国行政处罚法》第五十一条第（一）项之规定，每日按罚款数额的 3%加处罚款。
>
> 如对本行政处罚决定不服的，可在接到本决定书之日起 60 日内向××市人民政府申请行政复议；也可以在接到本决定书之日起 6 个月内直接向××区人民法院提起行政诉讼。逾期不申请行政复议，也不提起行政诉讼，又不履行行政处罚决定的，本机关将申请人民法院强制执行。
>
> ××市综合行政执法局（印章）
二〇一七年三月三日

三、送达《行政处罚决定书》

《行政处罚决定书》一式二份，一份交被处罚人，一份附卷。

1. 综合执法机关应当在作出决定的 7 日内将决定书送达被处理人，并由当事人在送达回证上签字捺印。

2. 直接送达和留置送达。送达决定书应当首先采取直接送达方式，交给受送达人本人；受送达人不在的，可以交付其成年家属、所在单位的负责人或者其居住地居（村）民委员会代收。受送达人本人或者代收人拒绝接收或者拒绝签名和盖章的，送达人可以邀请其邻居或者其他见证人到场，说明情况，把文书留在受送达人处，在送达回执上注明拒绝的事由、送达日期，由送达人、见证人签名或者捺指印，即视为送达。留置送达应当拍照取证，条件允许的，可以进行影音拍摄。

3. 委托或者邮寄送达。无法直接送达的，委托其他综合执法机关代为送达，或者邮寄送达。

4. 公告送达。经采取上述送达方式仍无法送达的，可以公告送达。公告的范围和方式应当便于公民知晓，公告期限不得少于60日。

四、没收

1. 没收的定义

（1）根据《中华人民共和国行政处罚法》第8条之规定，违反行政管理的违法所得或者非法财物，应当依法没收。

（2）多名违法行为人共同实施违法行为，违法所得或者非法财物无法分清所有人的，作为共同违法所得或者非法财物予以处理。

2. 没收的程序

综合执法机关在作出行政处罚决定时，对涉案财物应当一并作出处理。

（1）呈批。办案人员在呈报审核、审批行政处罚决定时，应当同时呈报没收涉案财物的意见。不进行行政处罚，但需要没收涉案财物的，应当单独呈报没收涉案财物的意见。

（2）制作清单。县级以上综合执法机关负责人决定没收涉案财物的，办案人员应当制作一式两份的清单，写明没收涉案财物的依据、涉案物品的名称、规格、数量、特征等情况。

对于没收的涉案财物，应当当场装袋密封，并由办案人员、持有人在密封材料上签名或者盖章。对于不能装袋密封的，应当采取能保持其原始状态的处理方式。

（3）送达。作出行政处罚决定的，《没收违法所得、非法财物清单》应当作为《行政处罚决定书》的附件，一并送达当事人。

（4）《没收违法所得、非法财物清单》样式：

没收违法所得、非法财物清单

单位（公章）：　　　　　　　　　　　　　　　　　　　　第　号

名称	数量	规格	型号	备注

当事人：＿＿＿＿＿＿＿　　　　　　　　　　　　　　　　年　月　日

执法人员：＿＿＿＿＿＿＿、＿＿＿＿＿＿＿　　　　　　年　月　日

见证人：＿＿＿＿＿＿＿、＿＿＿＿＿＿＿　　　　　　　年　月　日

第九章 送 达

第一节 文书送达的期限

1. 根据《行政处罚法》第 40 条的规定，行政处罚决定书送达期间包括两种情况：

(1) 当事人在场的，应当在宣告后将行政处罚决定书直接交由当事人；

(2) 当事人不在场的，应当在作出行政处罚决定后 7 日内送达。

2. 催告书、行政强制执行决定书的送达期间没有明确法律规定，《行政强制法》第 38 条只规定："催告书、行政强制执行决定书应当直接送达当事人。当事人拒绝接收或者无法直接送达当事人的，应当依照《中华人民共和国民事诉讼法》的有关规定送达。"有观点认为，结合《行政强制法》第 53 条和第 54 条的规定，催告书应当最迟在行政机关申请执行期限届满前 10 日送达，即行政相对人的行政复议、诉讼期限届满之日起，至行政机关申请强制执行 3 个月期限届满前 10 日，这一时间段为送达催告书的合法时间。

第二节 几种常用的送达方式

一、直接送达

直接送达，即直接将文书送交受送达人。凡是能够直接送达的，在行政程序中应最优先适用直接送达。

受送达人是公民的,若本人不在,交他的同住成年家属签收;受送达人是法人或者其他组织的,应当由法人的法定代表人、其他组织的主要负责人或者该法人、组织负责收件的人签收;受送达人有诉讼代理人的,可以送交其代理人签收;受送达人已向人民法院指定代收人的,送交代收人签收。受送达人的同住成年家属,法人或者其他组织的负责收件的人,诉讼代理人或者代收人在送达回证上签收的日期为送达日期。

几点注意事项如下:

(1) 送达地点可以是行政机关所在地、受送达人住所地,也可以是约定地。如根据《浙江省行政程序办法》第67条第1款的规定,行政机关直接送达行政执法文书的,可以通知受送达人到行政机关所在地领取,或者到受送达人住所地、其他约定地点直接送交受送达人。

(2) 受送达人为自然人时,代签收人应同时满足"同住""成年""家属"三要件。一般情况下,"同住"范围只能及于同一处房屋,而不能包括同村、同小区;"家属"缺乏明确法律定义,通常认为"近亲属"属于家属,按照《民法通则》及其司法解释规定包括配偶、父母、子女、兄弟姐妹、祖父母、外祖父母、孙子女、外孙子女。部分法院在裁判中认可近姻亲也属于"家属",如公婆等。司法案例中,同村村民、所在自然村的村长、邻居、侄子、堂兄、与被告同居的前妻、在被告老家暂居的妹妹(被告已外出打工多年)、没有证据证明与被告同住的母亲等均不被法院认为是适格的签收人。

(3) 受送达人为法人或者其他组织时,负责收件的人的范围不宜过大。根据《最高人民法院关于适用〈中华人民共和国民事诉讼法〉的解释》(以下简称《民事诉讼法解释》)第130条第1款的规定,负责收件的人一般为办公室、收发室、值班室等人员;需要注意的是,不是办公室、收发室、值班室随便一个人员均可签收,要注意验明收件人身份是否为该法人或者其他组织负责收件人。

二、留置送达

根据《浙江省行政程序办法》的规定,受送达人拒绝签收行政执法文书，行政机关采取下列措施之一，并把行政执法文书留在受送达人的住所的，视为送达：(1) 采用拍照、录像、录音等方式记录送达过程；(2) 邀请有关基层组织或者所在单位的代表到场，说明情况，在送达回证上记明拒收事由和日期，由送达人、见证人签名或者盖章；(3) 邀请公证机构见证送达过程。行政机关工作人员应当在送达回证上注明送达情况并签名。

几点注意事项如下：

(1) 送达地点为受送达人住所地。不同于直接送达对送达地点的突破，留置送达的送达地点只限于受送达人的住所地。

(2) 留置以见到当事人且其拒签为前提。如未见到受送达人，直接将文书张贴在住所地并拍照、录像或者邀请见证的，不视为留置送达。如送达人员表明身份后当事人拒不开门，视为见到，可以留置。

(3) 见证人的范围。根据《民事诉讼法解释》第130条第2款的规定，有关基层组织和所在单位的代表，可以是受送达人住所地的居民委员会、村民委员会的工作人员以及受送达人所在单位的工作人员，即工作人员亦可作为见证人。

三、委托送达

根据《浙江省行政程序办法》的规定，行政机关可以委托有关机关、单位转交行政执法文书。代为转交的机关、单位收到行政执法文书后，应当立即交受送达人签收，送达回证上的签收日期为送达日期。

《民事诉讼法》中规定，受送达人是军人的，通过其所在部队团以上单位的政治机关转交。受送达人被监禁的，通过其所在监所转交。

四、邮寄送达

根据《浙江省行政程序办法》的规定，行政机关通过邮政企业邮寄送达行政执法文书，邮寄地址为受送达人与行政机关确认的地址的，送达日期为受送达人收到邮件的日期。因受送达人自己提供的地址不准确、地址变更未及时告知行政机关、受送达人本人或者其指定的代收人拒绝签收以及逾期未签收，导致行政执法文书被邮政企业退回的，行政执法文书退回之日视为送达日期。

几点注意事项如下：

（1）只能通过中国邮政寄递。根据《中华人民共和国邮政法》第55条的规定，快递企业不得经营由邮政企业专营的信件寄递业务，不得寄递国家机关公文，即邮寄国家机关公文属邮政企业专营，不能通过快递企业邮寄行政执法文书。

（2）《最高人民法院关于以法院专递方式邮寄送达民事诉讼文书的若干规定》（法释〔2004〕13号）中关于邮寄送达的规定，行政机关是否可参照适用有待讨论，暂不展开。

五、公告送达

受送达人下落不明或者采用直接送达、留置送达、邮寄送达、委托送达、电子送达等方式无法送达的，可以采用公告送达的方式。

几点注意事项如下：

（1）以穷尽其他手段为前提。公告送达应严格限制适用，只有受送达人下落不明或穷尽其他方式无法送达的情况下才适用。

（2）公告的渠道与方式。《浙江省行政程序办法》规定，行政机关公告送达行政执法文书的，应当通过浙江政务服务网（电子政务平台）、本机关或者本级人民政府门户网站公告。行政机关可以根据需要在当地主要新闻媒体公告或者在受送达人住所地、经营场所或者所在的村（居）民委员会公告栏公告。

（3）公告的时间。《浙江省行政程序办法》规定，公告期限为10日，因情况紧急或者保障公共安全、社会稳定需要的，可以适当缩短公告期限，但不得少于3日。公告期限届满视为送达。法律、法规对公告期限另有规定的，从其规定。

应当注意，关于行政处罚决定书、行政强制执行决定书的送达，《行政处罚法》《行政强制法》中明确规定应当依照《民事诉讼法》的规定送达，属于《浙江省行政程序办法》中"法律另有规定"的情形，故《行政处罚决定书》《行政强制执行书》的公告送达期限应为60日。

第十章 执 行

第一节 当事人自履行

一、当事人自觉缴纳罚款

(一) 银行代收

当事人自动履行《行政处罚决定书》确定的行政责任的,应当自收到行政处罚决定书之日起15日内,到指定的银行缴纳罚款。

(二) 现场收缴

根据《行政处罚法》第47、48条的规定,执法人员可当场收缴的情况如下:

1. 根据《行政处罚法》第33条,当场作出行政处罚决定,有下列情形之一的,可以当场收缴:

(1) 依法给予20元以下的罚款的;

(2) 不当场收缴事后难以执行的。

2. 在边远、水上、交通不便地区,当事人向指定的银行缴纳罚款确有困难,经当事人提出要求当场收缴的,可以当场收缴。

根据《行政处罚法》第49、50条,行政机关及其执法人员当场收缴罚款的,必须向当事人出具省、自治区、直辖市财政部门统一制发的罚款收据;应当自收缴罚款之日起二日内,交至行政机关;在水上当场收缴的罚款，应当自抵岸之日起二日内交至行政机关；行政机关应当在二日内将罚款缴付指定的银行。

二、暂缓缴纳

根据《行政处罚法》第52条，当事人确有经济困难，需要延期或者分期缴纳罚款的，经当事人申请和行政机关批准，可以暂缓或者分期缴纳。

在实际执法办案中，经常会遇到当事人因经济困难或其他原因要求延期或者分期缴纳，但是《行政处罚法》并未明确延期缴纳可以延期多久或分期缴纳可以分几期，从而造成执法实践中的诸多困惑或争议。

在实践中，要分清当事人申请暂缓、分期是因主观上拒绝或拖延履行义务还是客观上存在实际困难。对于当事人有履行能力却不履行缴纳罚款义务的行为，行政机关应当依法申请法院强制执行，迫使当事人履行法定义务，以达到行政处罚之目的。

当事人确有经济困难的，申请延期或者分期缴纳罚款时，当事人不仅要向行政机关提交书面申请，还应提交其"经济困难"的证明材料，它是行政机关决定是否同意当事人延期或者分期缴纳罚款申请的重要依据，其内容必须合法、真实、有效。因家庭成员生病导致经济困难的应当提供家庭成员的病历材料，因家庭遭遇变故导致经济困难的应当提供导致变故的一些证明材料，如社区证明、救助机关相关证明等。

收到书面申请后，行政机关务必严格审查，如当事人确实困难但不严重或者是暂时的，行政机关可以批准，但宽限的时限应当严格控制；如当事人借申请之名行拖延执行之实，行政机关应当依法不予批准。

三、当事人自觉履行时执法机关要注意以下几个原则

1. 原则一：罚缴分离

根据《行政处罚法》第46条的规定，"作出罚款决定的行政机关应当与收缴罚款的机构分离"，因此除按规定当场收缴的罚款外，作出行政处罚决定的行政机关及其执法人员不得自行收缴罚款。当事人应按照《行政处罚决定书》载明的方式直接到银行进行缴纳。

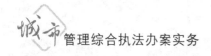

2. 原则二：出具有效票据

根据《行政处罚法》第 49 条的规定，行政机关及其执法人员当场收缴罚款的，必须向当事人出具省、自治区、直辖市财政部门统一制发的罚款收据；不出具财政部门统一制发的罚款收据的，当事人有权拒绝缴纳罚款。

3. 原则三：逾期加处罚款

当事人自动履行时间超过《行政处罚决定书》确定的缴纳期限的，应当以每日按罚款数额的 3‰ 加处罚款。

第二节 强制执行

一、行政强制执行由法律设定

根据《行政强制法》第 12 条，行政强制执行的方式有以下几种：

(1) 加处罚款或者滞纳金；

(2) 划拨存款、汇款；

(3) 拍卖或者依法处理查封、扣押的场所、设施或者财物；

(4) 排除妨碍、恢复原状；

(5) 代履行；

(6) 其他强制执行方式。

二、向人民法院申请强制执行

行政机关申请强制执行，是指对不履行行政决定的公民、法人或者其他组织，没有行政强制执行权的行政机关申请人民法院强制执行，依法强制履行义务的行为。根据《行政强制法》第 53 条之规定，申请法院强制执行，是指当事人在法定期限内不申请行政复议或者提起行政诉讼，又不履行行政决定的，没有行政强制执行权的行政机关可以自期限届满之日起 3 个月内，依法申请人民法院强制执行。结合工作实务情况，申请法院强制执行应注意以下几点：

第十章 执 行

(一) 当事人逾期不履行需采取的措施

当事人逾期不履行行政处罚决定的,可以采取下列措施:

1. 到期不缴纳罚款的,每日按罚款数额的3%加处罚款;
2. 申请法院强制执行。

(二) 申请法院强制执行的条件

1. 该行政处罚决定可依法由人民法院执行。
2. 该行政处罚决定已经生效并具有可执行内容。
3. 该行政处罚决定系本局作出。
4. 被申请人是该行政处罚决定所确定的义务人。
5. 被申请人在行政处罚决定所确定的期限内未履行义务,即逾期不履行义务。

逾期不履行义务包括两层含义:一是指当事人接到行政处罚决定书后,超过法定的期限,既不申请行政复议(行政复议的申请期限是60日,法律规定超过60日的除外),也不提起行政诉讼(行政诉讼的申请期限是6个月,法律另有规定的除外),又不履行行政处罚决定的;二是指当事人接到行政处罚决定书后,在规定的期间内申请了行政复议,但在接到复议决定书后,超过15日,既不提起行政诉讼,又不履行行政处罚决定(或者行政复议决定)的。

6. 申请人在法定期限内提出申请,即自被执行人的法定救济期限届满之日起3个月内提出申请。但是申请人民法院强制执行前,应当先催告当事人履行义务。
7. 被申请执行的行政案件属于受理申请执行的人民法院管辖。

(三) 管辖法院

据《最高人民法院关于执行〈中华人民共和国行政诉讼法〉若干问题的解释》第89条:"行政机关申请人民法院强制执行其具体行政行为,由申请人所在地的基层人民法院受理;执行对象为不动产的,由不动产所在地的基层人民法院受理。基层人民法院认为执行确有困难的,可以报请上级人民法院执行;上级人民法院可以决定由其执行,也可以决定由下级人民法院执行"的规定,申请强制执行原则上由基层法院管辖和受理,但基层法院认为执行确有困难的,可报请基层法院所在上级人民法院执行,上级人民法院可以决定由其执行。

（四）强制执行申请材料

行政机关向人民法院申请强制执行，应当提供下列材料：

1. 强制执行申请书。

强制执行申请书内容应包括：

（1）表明行政机关申请法院强制执行的意见；

（2）申请执行机关的名称、法定代表人；

（3）被执行人的姓名或名称、住址等内容。

2. 行政决定书及作出决定的事实、理由和依据。

3. 当事人的意见及行政机关催告情况。

4. 申请强制执行标的情况。

5. 法律、行政法规规定的其他材料。

强制执行申请书应当由行政机关负责人签名，加盖行政机关的印章，并注明日期。

三、强制执行中各类程序介绍

（一）催告程序

1. 催告，是指当事人不履行其义务时，行政机关通过法定形式向其发出通知，告知并催促其自觉履行，并告知其不自觉履行将产生的不利后果。催告应当以书面形式作出。催告书应载明四项内容：（1）履行义务的期限；（2）履行义务的方式；（3）涉及金钱给付的，应当有明确的金额和给付方式；（4）当事人依法享有的陈述权和申辩权。

2. 催告书应当直接送达当事人。当事人拒绝接收的或者无法直接送达当事人的，应当按照《中华人民共和国民事诉讼法》的有关规定送达。

3. 催告的目的在于督促当事人自觉履行义务，并在行政强制执行决定做出前给予当事人一次自觉履行的机会，以彰显《行政强制法》对当事人主动性的尊重。

4. 并不是所有强制执行都要经过催告，根据《行政强制法》的规定，以下两种情形无须催告：

（1）行政机关依法作出金钱给付义务的行政决定，当事人逾期不履行的，行政机关可以依法加处罚款或者滞纳金。加处罚款或者滞纳金的标准应当告知当事人。

（2）需要立即清除道路、河道、航道或者公共场所的遗洒物、障碍物或者污染物，当事人不能清除的，行政机关可以决定立即实施代履行；当事人不在场的，行政机关应当在事后立即通知当事人，并依法作出处理。

5. 当事人收到催告书后有权进行陈述和申辩。行政机关应当充分听取当事人的意见，对当事人提出的事实、理由和证据，应当进行记录、复核。当事人提出的事实、理由或者证据成立的，行政机关应当采纳。

6. 催告书送达10日后当事人仍未履行义务的，且无正当理由的，行政机关可以向所在地具有管辖权的人民法院申请强制执行；执行对象是不动产的，向不动产所在地有管辖权的人民法院申请强制执行。

（二）强制程序

1. 代履行

代履行是指义务人逾期不履行行政法义务，由他人代为履行可以达到相同目的的，行政机关可以自己代为履行或者委托第三人代为履行，向义务人征收代履行费用的强制执行制度。代履行主要适用于该行政法义务属于可以由他人代替履行的作为义务，例如排除障碍、恢复原状等。

对于不能够由他人替代的义务和不作为义务，特别是与人身有关的义务，不能适用代履行。

代履行必须同时具备四个要件：

（1）存在相对人逾期不履行行政法上义务的事实，且此种不履行因故意或过失引起。

（2）该行政法上的义务是他人可以代为履行的作为义务。

（3）代履行的义务必须是代履行后能达到与相对人亲自履行义务同一目的的义务。

（4）由义务人承担必要的费用。

代履行的费用按照成本合理确定，由当事人承担。但是，法律另有规定的除外。如《浙江省违法建筑处置规定》第16条第3款规定，当事人不自行拆除或者申请拆除违法建筑的行为符合《中华人民共和国行政强制法》规定的代履行条件的，城乡规划主管部门或者乡（镇）人民政府可以依法实施代履行，相关费用由政府承担。

2. 在工作实务中，代履行应当遵守下列规定：

（1）代履行前送达决定书，代履行决定书应当载明当事人的姓名或者名称、地址，代履行的理由和依据、方式和时间、标的、费用预算以及代履行人；

（2）代履行3日前，催告当事人履行，当事人履行的，停止代履行；

（3）代履行时，作出决定的行政机关应当派员到场监督；

（4）代履行完毕，行政机关到场监督的工作人员、代履行人和当事人或者见证人应当在执行文书上签名或者盖章。

代履行不得采用暴力、胁迫以及其他非法方式。

行政机关依法作出要求当事人履行排除妨碍、恢复原状等义务的行政决定，当事人逾期不履行，经催告仍不履行，其后果已经或者将危害交通安全、造成环境污染或者破坏自然资源的，行政机关可以代履行，或者委托没有利害关系的第三人代履行。

需要立即清除道路、河道或者公共场所的遗洒物、障碍物或者污染物，当事人不能清除的，行政机关可以决定立即实施代履行；当事人不在场的，行政机关应当在事后立即通知当事人，并依法作出处理。

3. 罚款类处罚的强制执行

《行政处罚法》第46条第3款规定："当事人应当自收到行政处罚决定书之日起十五日内，到指定的银行缴纳罚款。"第51条规定："当事人逾期不履行行政处罚决定的，作出行政处罚决定的行政机关可以采取下列措施：（1）到期不缴纳罚款的，每日按罚款数额的3%加处罚款；（2）根据法律规定，将查封、扣押的财物拍卖或者将冻结的存款划拨抵缴罚款；（3）申请人民法院强制执行。"

行政执法实践中，行政机关在依法送达行政处罚决定书后，当事人未在规定的时间内缴纳罚款的现象常有发生。《行政处罚法》规定，如当事人逾期不缴纳罚款，行政机关可采取加处罚款的强制执行措施。

4. 加处罚款的概念

（1）根据上述法律规定，加处罚款是指作出行政处罚决定的行政机关，按照《行政处罚法》第51条的授权，对当事人逾期不缴纳罚款的行为，每日按罚款数额的百分之三加处罚款,迫使当事人自我履行原罚款义务的执行罚措施。

(2) 加处罚款与处以罚款、收取滞纳金的区别

加处罚款、处以罚款与收取滞纳金是截然不同的行政行为。

具体而言,处以罚款是针对违反行政管理秩序行为而作出的行政处罚决定,其直接目的是制裁违法行为,依据是行政执法中各专业法律法规,例如市容环卫类违法行为主要是依据《城市市容和环境卫生管理条例》《城市建筑垃圾管理规定》等进行处罚。加处罚款和收取滞纳金则均属行政强制执行措施:加处罚款的依据是《行政处罚法》,针对的是不履行行政处罚决定的行为;收取滞纳金的依据是《行政强制法》,适用于不依法履行税款、行政收费、社会保险费等金钱给付义务的情形。

(3) 加处罚款的数额

行政机关加处罚款的数额由计算基数、比例、期间三个要素决定。加处罚款计算基数应为当事人未履行原罚款决定的数额,譬如原罚款是10万,当事人均未履行,那么基数为10万;如当事人已履行了5万,那么未履行的5万就是基数。加处罚款的比例每日按照未履行罚款金额的3%计算。《行政处罚法》第46条第3款规定:"当事人应当自收到行政处罚决定书之日起十五日内,到指定的银行缴纳罚款。"因此,加处罚款的期间应当从当事人收到行政处罚决定书之日起的第十六日开始计算,这一日实际上就是《行政强制法》第46条第1款所规定的"实施加处罚款"之日。未履行期越长,加处罚款越多。由于《行政强制法》第45条第2款规定加处罚款数额"不得超出金钱给付义务的数额",按照每日3%的比例,即使不计算复利,也只要34天就超出"金钱给付义务的数额",因此"加处罚款"最高额度就是当事人未履行的罚款数额本身。

《行政诉讼法》规定,诉讼期间不停止具体行政行为的执行。对提起了行政复议或行政诉讼的行政处罚案件,在复议和诉讼期间是否计算加处罚款?为保护当事人的诉讼权益,最高人民法院《关于行政处罚的加息罚款在诉讼期间应否计算问题的答复》([2005]行他字第29号)明确指出:"根据《中华人民共和国行政诉讼法》的有关规定,对于不履行行政处罚决定所加处的罚款属于执行罚,在诉讼期间不应计算。"同理,行政复议期间

也不应计算加处罚款金额。

(4) 加处罚款的执行

作为行政强制执行的方式之一,《行政强制法》对加处罚款的操作程序作出了具体规定。根据《行政强制法》,加处罚款主要的程序环节是:① 当事人逾期不履行的,行政机关依法加处罚款并将标准告知当事人;② 行政机关实施加处罚款超过 30 日的,书面催告当事人,告知其履行义务的期限、金额和给付方式以及当事人依法享有的陈述申辩权;③ 经催告,当事人逾期仍不履行处罚决定,且无正当理由的,行政机关依法强制执行或申请人民法院强制执行。

行政机关在行政决定中一并明确了作出加处罚款的条件及其计算标准的,就加处罚款部分而言,实际上是作出了一个附条件生效的具体行政行为。若当事人在指定的期限内未缴纳罚款,即视为条件成就,加处罚款的内容即自动生效,此时当事人就应当知道行政机关对其作出了一个加处罚款的决定,罚款数额也可依据处罚决定中确定的标准自己计算,无需行政机关另行告知。因此,当复议、诉讼期限届满后,当事人无正当理由不缴纳加处罚款的,行政机关就可以向人民法院申请强制执行,人民法院应当依法执行。如果行政机关即未在处罚决定中明确加处罚款和计算标准,又未单独作出加处罚款的决定的,仅依据《行政强制法》的规定申请法院强制执行,人民法院应当视为未作出加处罚款的决定,对加处罚款部分不予执行。

(5) 加处罚款的减免

执法实践中经常遇到当事人在收到加处罚款通知后表示愿缴纳罚款,但以经济困难等理由请求行政机关同意延、分期缴纳罚款并减免加处的罚款。那么,行政机关能否减免加处的罚款?《行政处罚法》第 51 条在授予行政机关加处罚款的权利时,用了"可以"二字,即行政机关可选择加处,也可选择不加处。《行政强制法》第 42 条规定:"实施行政强制执行,行政机关可以在不损害公共利益和他人合法权益的情况下,与当事人达成执行协议。执行协议可以约定分阶段履行;当事人采取补救措施的,可以减免加处的罚款或者滞纳金。"由此认为,只要在不损害公共利益和他人合法权益的前提下,行政机关可以同意当事人分期或延期缴纳罚款;当事人积极改正违法行为，主动消除违法后果，在规定期限内主动缴清罚款的，可视为采取了补救措施；行政机关可以与行政管理相对人达成执行和解协议，减免当事人的加处罚款。这既有利于提高执行效率、缓解社会矛盾，亦符合《行政强制法》确立的执行和解制度的立法本意。

（6）鉴于《行政强制法》未对减免加处的罚款作出明确的程序规定，为规范减免行为，避免减免的随意性，减免加处的罚款或同意延分期缴纳罚款，应包括以下程序环节：

① 程序的启动

减免加处的罚款或延、分期缴纳罚款，原则上应由被处罚当事人向作出处罚决定的行政机关提出书面申请，并承担相应的举证责任。当事人申请延分期缴纳罚款应提供确有困难的相关证明材料，当事人申请减免加处罚款应符合以下条件：a. 减免不损害公共利益和他人合法权益；b. 由于不可抗拒力或其他原因，当事人确有困难无力按时足额缴纳罚款或加处罚款的；c. 当事人有延期分期缴纳罚款的计划并承诺按计划执行；d. 当事人已履行罚款以外的其他行政处罚决定；e. 当事人积极改正违法行为，主动消除违法后果。

② 无力缴纳的认定

对于当事人提出的确有困难、无力按时足额缴纳罚款或加处罚款的认定，应当以客观事实为依据，避免当事人以此为由，恶意逃避履行处罚决定。一般认为，无力缴纳的认定，应当符合以下标准：

当事人为企业法人或其他组织的，存在以下情形之一可认定为无力缴纳：因严重自然灾害等不可抗力致使企业遭受重大损失的；企业生产经营状况恶化，严重亏损，难以维系正常生产经营的；因宏观经济状况和产业政策调整等原因，导致企业限产停产的；因其他特殊原因，企业缴纳确有困难的。

当事人为公民的，存在以下情形之一可认定为无力缴纳：因自然灾害、意外事件、本人或近亲属患重大疾病等而导致经济确有困难的；当事人为残疾人、社会救济对象等确有困难的。

③ 决定的审批

作出减免加处的罚款或同意延分期缴纳罚款的决定，应参照原处罚决定程序。案件为一般程序的,由原办案部门对当事人提出的理由和证明材料进行核实,提出处理意见,经集体讨论通过后,报原处罚决定的审批领导签批。应当注意的是,延期或分期缴纳只针对罚款,当事人依法应当没收的违法所得不得延期或分期没收;延期或分期缴纳的期限不应超过行政强制执行的期限;在当事人足额缴纳罚款的前提下,行政机关可减免加处的罚款,否则在申请强制执行时,应对当事人未缴纳的罚款本金和加处罚款一并申请,以维持处罚决定的严肃性。

5. 强制拆除类处罚的强制执行

《行政强制法》第44条规定:"对违法的建筑物、构筑物、设施等需要强制拆除的,应当由行政机关予以公告,限期当事人自行拆除。当事人在法定期限内不申请行政复议或者提起行政诉讼,又不拆除的,行政机关可以依法强制拆除。"

《浙江省城乡规划条例》第66条规定:"城乡规划主管部门作出责令停止建设的决定后,当事人不停止建设的,城乡规划主管部门应当立即向本级城市、县人民政府报告。城市、县人民政府应当自收到报告之日起十日内书面责成有关部门采取查封施工现场等措施"。

"城乡规划主管部门作出责令限期拆除的决定后,当事人逾期不拆除又在法定期限内不申请复议、不起诉的,城乡规划主管部门应当自法定期限届满之日起十五日内向本级城市、县人民政府报告。城市、县人民政府应当自收到报告之日起六十日内书面责成有关部门强制拆除。"

四、中止执行和终结执行

中止执行不同于终结执行,前者是基于法定事由导致强制执行的暂时停止,但是仍有恢复和继续执行的可能;后者则是基于法定事由导致强制执行彻底结束,并不再恢复强制执行程序。

1. 中止执行

根据《行政强制法》第39条第1款的规定,引起中止执行的法定情形主要有4种:

(1)当事人履行行政决定确有困难或者暂无履行能力的。具体包括4种情形:第一,发生当事人无法预见、无法预防、无法避免和无法控制的不可抗力事件，如海啸、地震等自然灾害，导致当事人不能如期履行义务；第二，当事人经济或者生活困难，除维持家庭基本生活以外，无力履行金钱给付等义务；第三，当事人由于突发疾病等身体健康原因暂不能履行义务；第四，其他原因。

（2）第三人对执行标的主张权利，确有理由的。第三人是指当事人以外的，法律上利益或者权利受到强制执行影响的公民、法人或者其他组织。第三人主张权利的内容主要是物权或者债权，如第三人对执行标的主张抵押权、质权、所有权以及因租赁关系而享有使用权等。此种情况下，执行标的是有争议的标的，需要确定权属后才能执行；如果第三人确有理由的，应当中止执行。这是基于保护第三人利益的角度作出的规定。

（3）执行可能造成难以弥补的损失，且中止执行不损害公共利益的。强制执行应当坚持比例原则，应采取最小损害的方式实现行政管理目的。当某些行政强制执行可能会给当事人的权益造成无法弥补的损失，而中止执行又对公共利益无害，那么行政机关应当在综合考量各种因素的基础上，作出中止执行的决定。

（4）行政机关认为需要中止执行的其他情形。例如行政机关发现据以执行的行政决定存在违法或者不当的问题，需要立即中止执行，待查明情况后再作决定。例如强制执行可能导致被执行人过激行为，如自杀或暴力对抗的，为避免悲剧发生，行政机关也应当中止执行。

一般情况下，强制执行以实现行政管理目的为终点，不能随意停止或者中途放弃。考虑到实践中有时会出现某种无法克服和难以避免的特殊情况，使强制执行程序不能进行或者不宜继续进行，应当暂时停止。因此，中止执行只是强制执行程序的中断，而非终止，待法定中止情形消除以后，行政机关应当恢复执行。对于某些行政决定确定的当事人义务，如果不予强制执行对社会和公共利益没有明显的危害，并且当事人确实是无能力履行的状态一直在持续，中止执行3年没有恢复执行的，行政机关将不再执行。

2. 终结执行

《行政强制法》第40条规定，终结执行有5种情形：

（1）公民死亡，无遗产可供执行，又无义务承受人的。义务的履行必须要有特定的主体,被执行的当事人死亡,行政机关往往是先决定中止执行,以其遗产履行义务或者待其继承人承受义务。如果死亡当事人没有遗产,也没有继承人代其继续履行义务,那么强制执行程序将无法进行,这时应当终结执行。

(2)法人或者其他组织终止,无财产可供执行,又无义务承受人的。这种情形的原理与第一种情形相通。与自然人死亡不同,法人或其他组织中止的情形包括依法被撤销,依法解散,依法被宣告破产以及由于分立、合并等其他原因而导致终止。在上述原因中,一般只有依法被宣告破产时,才没有义务承受人。

(3)执行标的灭失的。执行标的灭失一般是指作为执行标的的不可替代物由于自然或者人为原因发生物理意义上的灭失,从而导致强制执行不再具有可能性。

(4)据以执行的行政决定被撤销的。行政决定是行政机关强制执行的直接依据,一旦被依法撤销,行政强制执行就成了无源之水、无本之木,因此,执行应当终结。

(5)行政机关认为需要终结执行的其他情形。这里其他情形是指行政决定已经没有强制执行的价值或者义务的履行实属不可能,或者义务的内容已经通过其他途径得以实现等。

五、行政处罚强制执行申请书样式

行政处罚强制执行申请书

___字[ ]第 号

_____人民法院:

本机关于____年__月__日作出的_____号行政处罚决定,已于____年__月__日送达被行政处罚人_____。由于其在法定期限内拒不履行本处罚决定,根据《中华人民共和国行政处罚法》第五十一条之规定,特申请贵院强制执行以下项目:

(续)

1. 罚款人民币____元整；

2. 逾期每日按罚款数额的3‰加处的罚款____元整。逾期的执行罚从《行政处罚决定书》送达之日起满15日后开始计算。

附件：____号处罚决定书

申请机关（印章）
负责人（签字）
年　月　日

第十一章 结 案

第一节 结案的条件

行政处罚案件有下列情形之一的,综合行政执法机关予以结案:

(1) 作出行政处罚等要求当事人履行义务的决定,已经执行完毕或者终结执行的;

(2) 作出不予处罚决定的;

(3) 撤销案件的;

(4) 违法行为涉嫌构成犯罪,已移交司法机关处理的;

(5) 其他需要终结案件的情形。

符合前述情形之一的,综合行政执法机关应当自收到相关执行文书、移送文书或者送达相关决定文书之日起 7 日内,经综合行政执法机关负责人批准,办理结案手续。

第二节 撤 销 案 件

一、需要撤销案件的具体情形

综合行政执法机关在办理行政处罚案件中必须查明违法事实;违法事

实不清的，不得作出行政处罚决定。经过调查，发现行政处罚案件有下列情形之一的，经综合行政执法机关负责人批准，撤销案件，并书面通知当事人或者相关单位、人员：

（1）违法事实不存在的；

（2）证据不足，违法事实不能成立的；

（3）违法行为已过追诉时效的；

（4）作为唯一当事人自然死亡的；

（5）作为当事人的法人或者其他组织终止，无法人或者其他组织承受其权利义务，又无其他共同违法行为人可以追查的；

（6）其他需要撤销案件的情形。

因证据不足无法认定违法事实成立，不能在规定期限内作出行政处罚决定，综合行政执法机关撤销案件后，新的证据出现，足以认定当事人违法事实成立的，综合行政执法机关应当重新立案，并在规定期限内作出行政处罚决定。

二、撤销案件的程序

（1）对于符合撤案条件的，由经办人提出申请，部门负责人审核，机关负责人批准，撤销案件，并书面通知当事人或者相关单位、人员，由法制部门登记在册。

（2）有撤案条件的情节，但证据不足的，责令办案机构继续取证；

（3）对于不符合上述撤案条件的，责令办案机构继续调查。

对于重大、复杂案件的撤销，机关负责人可以召集有关会议集体讨论决定。

三、《撤销案件申请书》《撤销案件决定书》文书样式

××综合行政执法局撤销案件申请书

申请事项		撤销案件		文书编号			
案由				案件来源			
当事人基本情况	单位	名称		组织机构代码证编号			
		法定代表人（负责人）姓名		职务			
	个人	姓名		性别	出生年月		民族 汉
		身份证号		工作单位			
		住所地（住址）		联系电话			
简要案情及申请撤案理由							
承办人意见					签名： 年 月 日		
承办机构意见					签名： 年 月 日		
法制部门审核意见					签名： 年 月 日		
行政机关负责人审批意见					签名： 年 月 日		

```
              ××综合行政执法局
               撤销案件决定书

                    （  ）综执罚撤〔 〕（ ）号

_____：
    我_____于____年__月__日立案的_____一案，经调
查审议，认为该案_____，现根据《中华人民共和国行政处
罚法》第__条的规定，决定撤销该案件。

                            行政机关（印章）_____
                                 ____年__月__日

    注：本文书一式两份，一份送达当事人，一份附卷。
```

第三节 制作《行政处罚案件结案报告》

一、《行政处罚案件结案报告》制作要点

（1）填写案由和案件来源。

（2）准确填写案件发生的时间和地点。

（3）根据当事人区别填写基本情况。

（4）行政处罚决定书文号栏，应填写决定书的全称及文号。

（5）简要案情及查处经过栏，应写明发案经过、立案时间、批准立案机关、承办人员组成、违法行为发生的时间、地点、原因、目的、情节及造成危害后果等。

（6）行政处罚内容栏，应写明作出行政处罚的依据条款和作出的行政处罚决定的种类、幅度等内容。

(7) 处罚执行方式及罚没财物的处置栏，应注明该行政处罚系当事人自动履行，还是申请人民法院强制执行，或者由行政机关依法强制执行；有没收违法所得或者非法财物的，应写明处置方式和处置结果，如上缴国库、依法拍卖或变卖、就地销毁或择期销毁等。

(8) 承办人意见栏，应有承办人建议结案的理由、签名及日期。

(9) 承办机构审核意见栏，应有承办机构负责人同意或不同意结案的意见、签名或盖章及日期。

(10) 填表人签名及日期。

二、注意事项

(1)《行政处罚案件结案报告》适用于行政处罚决定事项履行完毕、罚没财物依法处置结束的结案文书。

(2) 经当事人申请，行政机关同意分期履行或延期履行行政处罚决定事项的，应在行政处罚执行方式栏注明。

三、《行政处罚案件结案报告》文书样式

行政处罚案件结案报告

案由	李××未按照建设工程规划许可证建设案	案件来源	主动申报
当事人名称/姓名	李××	法定代表人（负责人）	
工作单位		职务或职业	
地址或住址	××市××街道××路××号		
发案时间	××××年××月××日	发案地点	××市××街道××路××号
立案时间	××××年××月××日	案件承办人	×××　×××
行政处罚决定书文号	×综执规罚〔20××〕××号		

(续表)

简要案情及查处经过	××年××月××日,当事人李××主动到××市综合行政执法大队××中队,要求对其房屋超面积建设予以处理。当日,经局领导批准,予以立案查处,指派×××、×××两位同志为本案承办人员,经查实,当事人李××于××年××月,未按照《建设工程规划许可证》[建字第（20××）××号]之规定,在城市规划区××市××街道××路××号住宅建设过程中,原审批一间四层通天式楼房,建筑占地面积××m²,建筑面积××m²,现建成一间五层通天式楼房,建筑占地面积××m²,建筑面积××m²,存在房屋超长,多建夹层及斜层面抬高建设,超建筑面积××m²,该房屋系桩承重,钢筋砼带形基础,外墙瓷砖贴面,铝合金门窗,现浇屋顶,建设工程造价每平方米××元。上述违法事实有如下证据证实:建设工程规划验收意见书、现场检查（勘查）笔录、图片证据、调查（询问）笔录、规划违法建设定位图、房屋面积测绘成果书、建设工程规划许可证、国有土地使用证等。
行政处罚内容	当事人李××的行为已违反了《中华人民共和国城乡规划法》第四十三条第一款之规定,为此,依据《中华人民共和国城乡规划法》第六十四条之规定,责令当事人李××按规定补办房屋超面积面积的规划建设手续,并处房屋超面积部分建设工程造价9%的罚款,计人民币×××元整。
处罚执行方式及罚没财物的处置	当事人李××于20××年××月××日,主动缴纳罚款（票据号:浙财（××）NO.××××××）并于20××年××月××日补办了房屋超面积部分的规划建设手续[温建规审（20××）××号]
承办机构意见	当事人李××已全部履行了[×综执规罚（20××）××号]的行政处罚决定书所规定的义务,拟建议予以结案,请领导审批。 承办人:×××年××月××日 　　　　　　　　　　　　　　　　　负责人:×××　×××年××月××日
法制部门审核意见	同意结案。请领导审批。 签名:××　　　　　　　　　　　　　　　　　　×××年××月××日
行政机关负责人审批意见	同意结案。 签名:××　　　　　　　　　　　　　　　　　　×××年××月××日

第四节 建立案卷

一、立卷规范

1. 行政执法机关应当按照立卷规范要求，及时对行政执法文书材料进行收集、整理、立卷，并定期归档。

2. 对已作出行政执法决定，但自决定做出之日起一年内未执行完结的，已形成的文书材料应予以登记造册，集中管理，待案件结案或执法行为结束时一并进行整理归档。

3. 行政执法业务信息系统形成的电子行政执法文件，包括法律文书的电子文本、电子证据、视听资料，以及执法活动过程中同步数字化产生的纸质行政执法文书材料的电子版本等，应即时归档或与纸质行政执法文书材料同步归档。

4. 行政执法文书材料应当根据行政执法行为种类，按照年度、机构和一案一号予以单独立卷。

适用简易程序或者文书材料较少的执法活动，可以按照类别、事由、时间等分类，分别合并立卷。

5. 入卷的行政执法文书材料应当保留原件；原件确实无法入卷的，可以保存复印件、影印件、抄录本，但应当与原件进行核对，加盖"经核对与原件无误"字样的确认章，注明来源、日期，并由核对人签名或者盖章。

6. 不入卷的行政执法文书材料包括：（1）重复材料；（2）常用法律、法规、规章、司法解释复制件；（3）与本案无关的材料；（4）其他不需要入卷的材料。

7. 行政执法案卷按照保密、方便利用的原则分立正卷和副卷。没有不宜对外公开材料的，可以不立副卷。

8. 行政执法案卷正卷、副卷材料按照行政执法程序和文书材料形成时间，兼顾行政执法文书材料之间的有机联系进行排列，其排列顺序可按照以下 9 至 12 项所列执行。

9. 行政处罚案卷正卷材料一般包括：（1）行政处罚决定书；（2）立案审批表；（3）调查（询问）笔录；（4）现场检查（勘验）笔录；（5）现场照片（图片，影像资料、电子数据的文字说明、截图）证据；（6）责令（限期）改正通知书；（7）整改情况材料；（8）抽样取证通知书；（9）抽样取证物品处理通知书；（10）先行登记保存证据通知书；（11）先行登记保存证据物品处理通知书；（12）查封、扣押等行政强制措施材料；（13）行政处罚事先告知书；（14）陈述申辩笔录；（15）听证通知书；（16）听证笔录；（17）案件移送函；（18）移送案件涉案物品清单；（19）罚没物品处理记录；（20）强制执行通知书；（21）强制执行申请书；（22）送达凭证；（23）执行情况相关凭证。

行政处罚过程中的行政强制措施或者行政强制执行文书材料可以归入行政处罚案卷，不单独立卷。

10. 行政执法案卷副卷材料一般包括：（1）案件（办件）处理内部审批材料；（2）听证报告；（3）集体讨论笔录；（4）签发文书底稿；（5）有关负责人批示意见；（6）其他不宜公开的材料。行政执法纸质文书材料应当使用电脑打印或者用碳素（蓝黑墨水）书写，不得使用铅笔、圆珠笔、复写纸等不耐久材料；对不利于保存的纸质文书材料（如热敏纸传真件、不耐久材料书写的文件等），应当进行复制。

纸质文书材料一般应当使用 A4 规格纸张，纸张过大的应当折叠，纸张过小、订口过窄或者有字迹的应当粘贴衬纸，纸张破损的应当进行修补。纸张上不得有订书钉、回形针等异物。

11. 行政执法事项通过浙江政务服务网等网络系统平台在线运行，形成或获取的电子文件满足真实性、完整性、可靠性要求的，行政执法文书材料可以采用电子形式归档；需永久保存的，归档时应当同时保存纸质版本。

行政执法机关以纸质形式归档，涉及通过网络系统平台在线运行形成或获取的电子文件的，可以将有关电子文件的数据来源（IP 地址、访问路径等）、电子证据存储方式、存储场所等信息，采取截屏截图等方式予以书面记录并入卷，用于代替原应入卷的纸质文书材料。有条件的，可以加贴与信息系统相关联的条形码、二维码、无线射频等机读标签，实现数字信息可视化。网络系统平台升级或者数据迁移时，应当将升级或者迁移后的数据查询方式、存储方式、存储场所等信息记入行政执法案卷备考表，或者在电子数据书面记录中予以补记。

12. 行政执法文书材料以录音带、录像带、光盘、移动硬盘等作为载体的，应当保证载体的有效性、可读性；入卷时，应当在相应的装具上标明案号、当事人姓名或者名称、承办人姓名、入卷日期等信息。

长期保存的电子数据在线存储的，应当使用专用存储服务器；离线存储的，可以使用数据磁带、档案级光盘、固态硬盘、硬磁盘等耐久性好的载体。

13. 凡能附卷保存的物证均应当入卷，无法装订的可以装入卷底证物袋内，同时在证物袋上标明证物的名称、数量、特征和来源。不能附卷的证物，应当另行存放，并与案卷互相标注相关档案信息。不宜保存的证物，应当拍照附卷，实物按有关规定处理，并在备考表中注明。

14. 重要的外文及少数民族文字材料应当附上汉语译文。

15. 行政执法案卷宜采用软卷皮装订。

二、行政处罚案件档案制作要求及注意事项

（一）制作要求

1. 行政处罚案件原则上实行一案一卷，一卷一号。涉及国家机密、商业秘密、个人隐私的案件，可以实行一案双卷，即正卷和副卷。依法不能公开的案件材料和行政处罚实施机关案件集体讨论记录，装入副卷。

2. 软封面的规格为封底封面尺寸相同。封面填写主要包括以下内容：

（1）档案全宗名称：立档单位名称，用全称或规范化简称。

（2）档案类别：行政处罚案件档案。

（3）案件名称：简要写明违法主体和违法行为。

（4）处理结果：处罚决定书中确认的处罚内容，或者复议决定确认的处罚内容或者诉讼确认的处罚内容。要求分项写明行政处罚的方式。

（5）卷内文件起止时间：卷内文件形成的起止日期。

（6）保管期限：根据档案保管期限表划定的保管期限，一般有"永久""长期""短期"三类。

(7) 卷内文件数量：本案件共有的案卷数量及各卷内的文件份数和页数。如："本案共 15 卷，本卷为第 8 卷 13 件 167 页"

(8) 归档号：行政处罚案件档案的归档顺序号。

3. 封底内页应当印制备考表，该表不编页次。卷内备考表内容包括：

(1) 本卷情况说明：说明卷内文件的件数、页数，不同载体文件的数量、缺损、修改、补充、移出、销毁等情况，组卷情况。

(2) 立卷人：由责任立卷者签署。

(3) 检查人：由案卷质量审核者签署。

(4) 立卷时间：完成案卷立卷的日期。

4. 证据保存。不能随文书装订立卷的证据，应放入证据袋中，随卷归档，并在证据袋上注明证据的名称、数量、拍摄时间、地点等内容；不能随文书立卷装订的录音、录像或实物证据，需在备考表中注明录制的内容、数量、时间、地点、责任人及其存放地点等内容。

5. 案卷装订：装订中应当采用三孔一线的装订方法，装订线以不妨碍卷内文书材料阅读为原则。

(二) 注意事项

1. 案卷封面，应使用软封面。

2. 破损文书应修补或者复制。文书过小的应衬纸粘贴，文书过大的应折叠整齐。卷宗装订前，要对文书材料进行检查，材料不完整或者破损的，要补充或者修补完整；文书材料中的文字不能耐久保存的，要进行复制；文书材料过小或者过大的，要进行衬贴或者折叠；需要附卷的信封，要展开并加贴衬纸，邮票不得取掉；文书材料上的金属物应当剔除干净。案卷装订后应当检查文书材料有无漏订现象，并由立卷人在装订线结扎处贴封条后加盖骑缝章。

3. 一个案件的文书材料，每卷不超过 2 公分或 200 页，过多时应当按形成的顺序分册订卷。案卷封皮、卷内目录和备考表填写规范。

三、案卷装订顺序

(一) 卷内文件排列的一般规定

卷内文件材料按照文件材料的重要程度进行排列。结论性的材料放在前面，印证性的材料放在后面。

行政处罚案件档案卷内文件材料的一般排列顺序是：（1）行政处罚决定书和文书送达回证；（2）上级部门交办、其他部门移送、群众举报案件的材料；（3）案件受理、立案审批表；（4）现场检查笔录；（5）登记保存（封存）（扣押）决定书；（6）调查笔录；（7）案件讨论记录；（8）通知存根；（9）行政处罚告知书；（10）送达回证；（11）解除登记保存（封存）（扣押）决定书；（12）案件移送书；（13）案件办理报批书；（14）听证申请书，举行听证通知书及听证笔录；（15）建议书；（16）检验（检定）（鉴定）委托书；（17）涉案物品清单；（18）强制执行申请书；（19）涉案物品处理记录、处理凭证；（20）结案报告；（21）其他应归档的文件材料。

（二）排列的一般原则

我们建议，卷内文书排列顺序可选择：行政处罚决定书和送达回证在前，其余文书按照办案时间顺序排列。行政处罚决定书和送达回证在前，其余文书按照法律文书、证据文书、其他文书设置分类按序排列。调查取证收集的文书材料可以按取证机关制作的证据材料、被处罚单位提供的证据材料、其他证据材料的顺序排列；也可以按取证时间顺序排列或者按证明对象分类排列。同一证据材料按照下列要求排列：正本在前，定稿在后；正件在前，附件在后；原件在前，复制件在后；批复在前，请示在后。

具体而言，我们推荐按以下顺序排列：

1. 行政处罚决定书和送达回证

2. 取证机关制作的证据材料及有法律意义的内部文书等（按办案顺序排列）

（1）立案文书（立案审批表及其附件，包括巡查、举报、交办材料等）；

（2）身份证明及委托书（按照主体证据前置原则，应当把当事人身份证明放在前面）；

（3）取证机关制作的证据材料：① 现场检查文书（现场检查笔录、现场示意图、照片、先行登记保存通知、责令停止或限期改正通知等）；② 询问笔录；

（4）告知文书（必要时前插研究记录或有关事项审批表）；

（5）听证文书；

（6）审批文书，附调查终结报告；

（7）执行和结案文书。

3. 当事人提供的有关证据：

（1）身份证明及委托书；

（2）按证明对象或形成时间排列的其他证据。如先选址、再计划立项、再用地、最后工程规划及建筑施工等有关证据，遇计划立项有多份的可放在一起按时间排序。

参 考 书 目

1. 陈瑞华：《刑事证据法学》[M]，北京：北京大学出版社，2014。
2. 陈振明：《公共管理学原理》[M]，北京：中国人民大学出版社，2003。
3. 法学教材编辑部《行政法概要》编写组：《行政法概要》[M]，北京：法律出版社，1983。
4. 关保英：《执法与处罚的行政权重构》[M]，北京：法律出版社，2004。
5. 〔德〕哈特穆特·毛雷尔：《行政法学总论》[M]，北京：法律出版社，2000。
6. 马彦琳、刘建平：《现代城市管理学》[M]，北京：科学出版社，2005。
7. 秦甫编：《城市管理行政执法手册》[M]，北京：中国建筑工业出版社，2004。
8. 任亦秋、杨必明：《浙江省城市管理相对集中行政处罚权条例释义与应用》[M]，浙江：浙江大学出版社，2009。
9. 沈俊强：《城市管理监察综合行政执法之案例与评析》[M]，北京：法律出版社，2015。
10. 孙茂利：《公安行政法律文书制作与范例》[M]，北京：中国人民公安大学出版社，2013。
11. 腾晓春：《中华人民共和国城乡规划法释义及实用指南》[M]，北京：中国民主法制出版社，2007。
12. 王振清：《行政诉讼案例研究》[M]，北京：中国法制出版社，2009。
13. 〔英〕威廉·韦德：《行政法》[M]，北京：中国大百科全书出版社，1997。
14. 熊文钊：《城管论衡》[M]，北京：法律出版社，2012。
15. 许爱东：《现场勘查学》[M]，北京：北京大学出版社，2011。
16. 杨建顺：《日本行政法通论》[M]，北京：北京中国法制出版社，1998。
17. 杨建顺、王名杨：《法国行政法》[M]，北京：中国政法大学出版社，1989。
18. 俞可平：《全球化：全球治理》[M]，北京：社会科学文献出版社，2003。
19. 袁曙宏：《行政强制法教程》[M]，北京：中国法制出版社，2011。
20. 张永海、郭丽芳：《行政处罚法实务指导》[M]，北京：中国法制出版社，2008。

21. 郑志耿：《行政执法教程》[M]，浙江：浙江人民出版社，2007。
22. 王满传、孙文营、安森东：《地方城市管理执法机构存在的问题和改革建议》[J]，载《中国行政管理》，2017，(02)。
23. 马怀德：《城市管理执法体制问题与改革重点》[J]，载《行政管理改革》，2016，(05)。
24. 马怀德、王柱国：《城管执法的问题与挑战——北京市城市管理综合行政执法调研报告》[J]，载《河南省政法管理干部学院学报》，2007，(06)。
25. 邹慧茹：《如何维护行政执法机关执法权威》[J]，载《科技展望》，2015，(13)。
26. 中国行政管理学会课题组：《推进综合执法体制改革：成效、问题与对策》[J]，载《中国行政管理》，2012，(05)。
27. 夏德峰：《综合行政执法改革的难题及其破解》[J]，载《中国行政管理》，2016，(06)。
28. 胡发明：《"综合执法"若干问题初探》[J]，载《福建政法管理干部学院学报》，2000，(04)。
29. 侯广红：《完善我国城市管理综合行政执法机构研究》[J]，载《法制与经济》，2017，(09)。
30. 杨殷一帆：《行政综合执法体制改革的法治化问题研究》[J]，载《政治法学研究》，2016，(01)。
31. 张贝尔：《行政执法难在何处——解析行政执法过程中存在的问题及解决对策》[J]，载《法制与社会》，2013，(36)。
32. 刘磊：《街头政治的形成：城管执法困境之分析》[J]，载《法学家》，2015，(04)。
33. 关保英：《行政法治的时代精神解读》[J]，载《政法论坛》，2017 (01)。
34. 陈那波、卢施羽：《场域转换中的默契互动——中国"城管"的自由裁量行为及其逻辑》[J]，载《管理世界》，2013，(10)。
35. 王敬波：《论我国城管执法体制改革及其法治保障》[J]，载《行政法学研究》，2015，(02)。
36. 陈柏峰：《城管执法冲突的社会情境——〈以城管来了〉为文本展开》[J]，载《法学家》，2013，(06)。
37. 刘磊：《执法吸纳政治：对城管执法的一个解释框架》[J]，载《政治学研究》，2015，(06)。
38. 吕德文：《城市治理与群众路线——基于武汉"城管"的实践分析》[J]，载《江西行政学院学报》，2015，(03)。
39. 刘磊、王会：《谋利空间的形成：对城管违建执法困境的分析》[J]，载《华中科技大学学报（社会科学版）》，2015，(04)。

40. 马怀德、车克欣：《北京市城管综合行政执法的发展困境及解决思路》[J]，载《行政法学研究》，2018，(04)。

41. 杨建顺：《论构建和谐社会中城管执法的作用》[J]，载《法学家》，2006，(04)。

42. 彭华新：《论当代媒介环境中的"城管之殇"》[J]，载《现代传播（中国传媒大学学报）》，2014，(01)。

43. 莫于川：《城管执法工作法治化的基本路径》[J]，载《北京联合大学学报（人文社会科学版）》，2006，(03)。

44. 青锋：《行政执法体制改革的图景与理论分析》[J]，载《法治论丛（上海政法学院学报）》，2007，(01)。

45. 石佑启、黄学俊：《中国部门行政职权相对集中初论》[J]，载《江苏行政学院学报》，2008，(01)。

46. 吴新叶：《城管执法中的自由裁量权》[J]，载《上海城市管理职业技术学院学报》，2003，(06)。

47. 陆静：《城管执法的困境与出路》[J]，载《中共贵州省委党校学报》，2010，(05)。

48. 吕东进：《浅议城管执法形象的塑造——以厦门市为例》[J]，载《城市管理与科技》，2010，(04)。

49. 杨书文：《城管执法队伍素质提高的机制保障》[J]，载《上海城市管理职业技术学院学报》，2009，(05)。

50. 王春业：《论基准制度及其法制化——以行政处罚为例》[J]，载《河北法学》，2009，(06)。

51. 贺荣：《北京市综合行政执法有关问题的探索和思考》[J]，载《法学杂志》，2010，(10)。

52. 王仰文：《城市管理行政执法实践难题的化解之道》[J]，载《前沿》，2011，(15)。

53. 国庆、李雯：《行政执法：存在问题与解决对策——基于城市管理相对集中行政处罚权的实施》[J]，载《中共山西省委党校学报》，2011，(04)。

54. 陈飞宇：《四川省综合行政执法改革实践研究》[J]，载《行政科学论坛》，2017，(03)。

55. 习近平：《加快建设社会主义法治国家》[J]，载《求是》，2015，(01)。

56. 杨解君、张黎：《法治视野下的城管综合执法体制研究》[J]，载《南京工业大学学报（社会科学版）》，2009（04）。

57. 赵剑博：《相对集中行政处罚权的现实困境与出路》[J]，载《法制与社会》，2014，(08)。

58. 张哲明：《如何提升现场指纹证明力》[J]，载《刑事技术》，2009，(01)。